LE MARIAGE S'APPREND

Dépôt légal : 2014
Bibliothèque et Archives nationales du Québec
Bibliothèque et Archives Canada
© Editions de l'Érablière
C.P. 8886, succ. Centre-ville
Québec, Canada (H3C 3P8)
Droits de traduction et de reproduction réservés pour tous les pays.
Toute reproduction, même partielle, de cet ouvrage est interdite
ISBN 9782981497727
Photo de couverture : wedding ©Thibaut Pietri
www.pixlight.fr

Honoré Loango Boelua B.

Le mariage s'apprend

Manuel de préparation dans une perspective chrétienne

Éditions de l'Érablière

DÉDICACE

À nos parents : notre défunt Père Bernard LOANGO BOELUA et notre mère Marie Louise LOANGO ASSIMBO, vous qui nous avez servi de repère et de modèle de vie conjugale ;

À toute la grande famille LOANGO pour le soutien incontestable ;

À Julie LOANGO IYALA, la femme de valeur et vertueuse, la femme de notre vie et notre soutien de tous les jours grâce à elle que nous arrivons à réaliser beaucoup de choses dans la vie ;

À nos enfants, fruits des entrailles et héritage de l'Éternel : Divine LOANGO, Tryphène LOANGO, David LOANGO et Lydia LOANGO ;

À notre nièce chérie Mimi ELONGO MALIAMU et à notre vieil ami Oscar KABAMBA qui nous ont soutenu dans la relecture et les corrections de ce livre ;

À notre cher ami et compagnon de lutte, notre mentor, Révérend Docteur Étienne TSHIMPE BAKADIPANDA, trop tôt parti auprès de l'Eternel Dieu qu'il a servi avec ferveur et humilité de cœur ;

Au Couple Révérend Bony & Coco MUSUNGAYI, vous qui nous avez toujours soutenu et accompagné dans ce travail noble de couples et de familles ;

À tous les couples désespérés, en quête de la stabilité et de l'harmonie conjugale ;

À tous les jeunes qui aspirent au mariage ;

Nous dédions les pages de ce livre « le mariage s'apprend... »

L'auteur

Honoré LOANGO BOELUA BAENDAFE

Préface

Le mariage s'apprend ! Certes, cet apprentissage ne peut prendre son véritable sens que lorsqu'on y ajoute la dimension de la perspective divine, c'est-à-dire, chrétienne !

Sans quoi, nous continuerons de constater qu'à travers l'univers, le mariage a perdu sa vision et le but lui assigné par le Créateur. On peut se marier le matin et le soir, on se prononce pour le divorce. Les mariages de fait ont pignon sur rue. Les antivaleurs telles que « mariage entre personnes de même sexe » et autres infidélités sont innombrables. Bref, le sort des enfants, ainsi victimisés et diabolisés, est précaire. Ces derniers sont notamment et davantage, accusés de sorcellerie puis jetés dans la rue. Que sera le monde dans vingt ans, dans cinquante ans ?

Et pourtant, l'Éternel Créateur — Souverain déclare dans sa Parole qu'il créa l'homme à son Image, selon sa Ressemblance. Et donc spirituellement, il créa l'homme (mâle) et l'homme (femelle) avant de les former physiquement l'un après l'autre. Dans sa vision, Dieu — Créateur définit ainsi son Idéal pour l'homme et la femme de façon très claire : Qu'ils soient bénis, qu'ils multiplient la terre, qu'ils l'assujettissent et qu'ils dominent sur tout le reste de la création. Et pour qu'ils se multiplient, le Créateur préconise le cadre qu'il appelle « le Mariage ». L'Éternel fait donc du mariage, la première Institution Divine pour l'humanité.

Dès lors que l'humanité a choisi de fonctionner en dehors du cadre institutionnel divin légal qu'est le mariage, le résultat en est la débandade dans laquelle nous sommes mêlés et notre impuissance à agir correctement.

Voilà pourquoi, nous nous devons d'encourager notre frère Honoré LOANGO BOELUA B. Il fait partie de cette infime minorité des chrétiens responsables. Il est allé outre sa formation professionnelle d'Expert-Comptable et d'Auditeur, pour concrétiser le sens de son engagement dans son église locale en se dévouant pour les couples et familles.

En publiant le présent livre, notre frère donne l'opportunité à tout le Corps du Christ de profiter de cette riche expérience en matière de préparation et de gestion de mariage.

Le plan est clair et bien précis. La vulgarisation de textes juridiques votés à la lumière de la Parole de Dieu doit être également félicitée et encouragée. Cette stratégie doit interpeller l'ensemble des leaders chrétiens afin que l'Église Universelle soit et demeure cette future épouse du Christ qui devra se présenter devant Lui, sans tâche ni ride !

Que Dieu vous bénisse !

Pasteur Jean-Marc KALALA MULUMBA
Joshua Generation for Christ Church
Dallas, Texas, États-Unis d'Amérique

Avant-propos

À travers les lignes qui suivent, nous voulons partager avec nos lecteurs sur ce que nous avons appris du mariage

En effet, en qualité de Président de l'Association des Couples chrétiens, ACC, en sigle et de Diacre, Responsable du Département « Couples & Familles » de l'Église Missionnaire « Le Tabernacle » de la 37e communauté des Assemblées de Dieu de la République Démocratique du Congo, nous avons eu à préparer au mariage les fiancés, à traiter beaucoup de cas, à régler plusieurs différends, à soutenir les couples dans des temps de détresse et à les aider à tenir bon malgré les vagues et tempêtes qui surviennent par moment dans la vie de couple (qu'ils soient chrétiens ou païens).

Les échanges que nous avons eus avec plusieurs couples lors de nos enseignements prénuptiaux nous ont toujours et continuent à nous révéler certaines vérités cachées, des non-dits qui demeurent dans les cœurs des conjoints.

Nos différents déplacements vers les jeunes en vue de parler du mariage et du choix de conjoint nous ont également appris bien de choses.

Tout mobilisé, nous nous sommes dit qu'il était temps de mettre à la disposition de la société, ce livre qui n'est rien d'autre que la somme de nos expériences en matière des couples.

L'œuvre humaine n'étant pas parfaite, celle — ci, non plus, n'a pas la prétention de l'être.

Ce livre pourrait être amélioré par tout celui qui aurait le souci majeur d'aider les couples à vivre l'harmonie conjugale.

Le couple a un rôle primordial à jouer dans la société : si les couples vont bien, la société ira mieux. Tout comme les pouvoirs publics, les églises auront moins de problèmes sociaux à régler et in fine, vive le développement social !

Nous remercions donc toutes les personnes qui ont contribué d'une certaine manière à la réalisation de ce travail, notamment Monsieur Parole Mbengama pour son apport en certaines idées.

Que Dieu vous bénisse pendant que vous lirez ce livre !

INTRODUCTION

Toute personne vivant sur cette terre n'a qu'un seul souhait : passer une existence heureuse. En effet, en lui tout seul, l'homme n'est pas la source de son propre bonheur. Il lui faut donc l'apport d'autres éléments afin de parvenir à cet idéal. Ainsi, parmi ceux-ci, le mariage occupe une place de choix. Et ce grand vide à combler avait été constaté dès le début par son créateur à travers ces passages : « il n'est pas bon que l'homme soit seul, faisons-lui une aide que lui ressemble » (Genèse 2 : 18). Et tout part de là, car, conformément à la Bible, cela déclenchera un processus aboutissant au mariage, par l'entremise de la création de la femme. Par conséquent, le tableau le plus complet du bonheur humain compte nécessairement cette union parmi ses éléments.

« Celui qui trouve une femme trouve le bonheur », comme le déclare Proverbes 18 : 22 ; pourtant les commentaires recueillis à travers le monde ne sont pas tous élogieux à propos de cette institution qu'est le mariage. Livres, témoignages, films et autres s'en montrent de plus en plus sceptiques. À titre d'exemple, Parole Mbengama, un auteur congolais, écrit dans son livre L'Homme est mort, le Genre est né qu'« à cette époque... réussir le mariage devient un pari risqué où l'on échoue plus qu'on gagne ». Et à Socrate, le philosophe grec, de renchérir : « De toute façon, mariez-vous. Si vous trouvez une bonne femme, vous vivrez heureux. Si vous en trouvez une mauvaise, vous deviendrez philosophe comme moi ».

Alors, est-ce un paradoxe que la Bible affirme une chose (le bonheur avec le mariage) et que la réalité pratique en rapporte le chaos dans beaucoup de cas ? Non, ni la Bible ni ces auteurs ne mentent. Considérant que le même livre des Proverbes déclare plus loin qu'une mauvaise femme est pire que la carie, cela dit qu'il y a des mariages qui rendent heureux et d'autres qui rendent malheureux. C'est donc là une question de choix.

Signalons qu'un mariage heureux n'est qu'un aboutissement d'un long processus ponctué d'étapes nécessaires les unes que les autres. C'est comparable à l'électricité que nous utilisons dans nos maisons. À chaque fois que nous allumons une lampe, branchons le fer à repasser, rechargeons la batterie de notre téléphone ou suivons la télé ; nous devons penser que le courant qui nous permet d'accomplir ces tâches provient d'un barrage situé à des centaines de kilomètres de notre maison, voire des milliers ; et que pour que l'on continue à en bénéficier, il faut que la connexion soit permanente, de la source à la destination.

Dans cette optique, ce courant utilisé à domicile nécessite plusieurs étapes remplissant chacune un rôle particulier. De même, pour un mariage heureux, le processus comporte plusieurs étapes dont le fil doit être maintenu et que tous les problèmes susceptibles de rompre le contact avec la source soient résolus. C'est dans ce cas que l'harmonie régnera et la vie de couple sera heureuse.

Comme nous aurons à les étudier, les différentes étapes conduisant à un mariage heureux sont nombreuses, dont la toute première consiste au choix du conjoint.

1. LE CHOIX DU CONJOINT

Comme avec l'électricité qui commence par le contact entre l'eau et la turbine, le point de départ pour un futur mariage qui se veut heureux, c'est la rencontre entre un homme et une femme. C'est là que s'opère le choix du conjoint. Et dans cette matière, il y a la part de l'homme et celle de Dieu.

La comparaison entre la production électrique et la conclusion du mariage montre que d'un côté ou d'un autre ; le point de départ, c'est toujours Dieu qui a tout créé en y imposant des lois naturelles dans chaque cas. L'homme, doté de sagesse et d'intelligence par son créateur, ne fait que bon usage de ces préceptes en vue de parvenir à des fins heureuses.

À propos du mariage, l'homme rempli du Saint-Esprit ne peut opérer son choix qu'en communion permanente avec Dieu Le Très-Haut afin qu'il jouisse de ses faveurs et voie ses projets aller de l'avant ; parce que tout choix porté en dehors des cadres établis par sa parole n'aboutit qu'à l'échec.

Nous le disons parce que le tout premier contact commence avec les yeux. L'homme a vu la femme, la femme a vu l'homme ; et les deux se plaisent mutuellement. Avec les yeux, il la trouve belle et elle le trouve beau. Dès cet instant, c'est le coup de foudre. On est convaincu que l'intérieur est aussi merveilleux que l'aspect extérieur qui vous a frappé. Mais, comme il est écrit au 1er livre de Samuel, « les vues de Dieu qui regarde ce qu'il y au cœur ne sont pas celles de l'homme qui ne considère que ce qui frappe à l'œil », le départ pourra être biaisé à partir de ce point si et seulement si la personne de qui on tombe amoureux ne recèle d'aucune valeur interne : elle est peut-être de mauvaise vie, ne cultive aucune vertu en elle, etc.

C'est vrai que la beauté qui vous enivre vous pousse à tirer des conclusions hâtives : « Il est beau ou elle est belle, donc je l'épouse tout de suite ». Cependant nous vous conseillons de prendre votre temps, d'y réfléchir suffisamment, parce que la précipitation ou l'impatience conduit toujours à de mauvais choix ou de mauvaises voies. Alors, soyez patients pour entendre la voix du Seigneur en ce qui concerne votre choix pour les fiançailles.

En effet, même si l'on sait dès le départ que la personne aimée ne serait en aucun cas digne de foi (voleuse, débauchée, droguée, etc., cela s'applique autant à l'homme qu'à la femme puisque nous parlons de la personne au sens général), il nous arrive qu'emportés par le vent de l'amour, nous pensions détenir, en étant chrétiens, ce pouvoir surnaturel de le (ou la) convertir ; oubliant que seul Dieu en est capable et le fait en son temps. C'est ici la première grosse erreur !

Malheureusement cet amour aveugle, comme l'avait reconnu Platon, ne tiendra pas compte de ce détail, mais nous poussera à des déclarations d'amour qui nous feront passer à la prochaine étape : les fiançailles.

Cependant nous soutenons qu'avant de proposer quelque chose d'aussi sérieux à quelqu'un, il faut apprendre à le connaître. Ce n'est pas pour rien que la Bible écrit : « Mon peuple périt par manque de connaissance ». (Osée 4.6)

2. Les fiançailles ou la phase d'observation

À l'instar de la production du courant électrique dont l'énergie produite par les turbines sera transférée vers les stations de distribution tout en s'assurant que la tension du courant à fournir aux consommateurs sera conforme, qu'elle n'endommagera pas leurs appareils ; l'arrangement conclu lors de la prise de contact entre l'homme et la femme aboutira à l'élaboration d'un projet pour une vie commune. Et c'est ici le véritable point de départ pour cette relation.

Signalons tout de même que la forme et le contenu changent d'un couple à l'autre. Pour certains, cela se passe dans un concubinage (sans lendemain) ou un mariage de fait (le fameux yaka tovanda, selon le vocable kinois) dans lequel les partenaires mènent une vie souterraine ou formelle des vrais mariés. Cependant dans le cadre chrétien, la procédure normale consiste à conclure des fiançailles dignes de ce nom.

Bien qu'elle soit plus courte en comparaison avec le mariage qui concerne toute la vie, elle est la période la plus importante pour le reste du processus, d'autant plus qu'elles constituent une phase d'observation (études mutuelles) et des préparations (budgétaire, régime matrimonial, etc.), où tout devra être décidé. C'est le temps d'y réfléchir à tête reposée et d'implorer la faveur de Dieu afin qu'il vous guide au-delà de votre sagesse et intelligence en vue d'opérer un choix qu'on ne regrettera jamais. Et lorsque toutes les questions sur la vie de couple y sont réglées, le mariage sera aussi facile qu'un concert dans lequel tous les musiciens connaissent par cœur les partitions et chacun les joue à merveille.

Précisons qu'en devenant fiancé (e) à quelqu'un, on amorce une phase de transformation : de célibataire on deviendra marié, de l'enfant dépendant de ses parents on deviendra autonome ; certaines habitudes acquises durant sa période de liberté (où l'on n'avait aucun engagement) changeront radicalement et chacun de vos faits et gestes (comme les déplacements, les fréquentations et les habitudes de consommation) sera dorénavant surveillé (c'est là qu'on a l'habitude de dire qu'on se met la corde au cou), puisqu'il y aura désormais quelqu'un à qui il faudra rendre certains comptes, comme on ne le faisait peut-être jamais ; sans oublier les enfants qui viendront ajouter d'autres charges sur la liste des responsabilités qu'on n'assumait aucunement dans le passé.

Et face à tous ces changements, l'une de ces observations consiste à se demander si le futur conjoint sera apte à accepter ces changements, à intégrer le nouveau système de valeurs qui s'offre, à assimiler de nouvelles connaissances sans anicroche... Car il ne faudra pas se réveiller après cinq ou dix ans de mariage en se disant qu'il ou elle n'aurait pas votre niveau. Si les couples se disloquent après plusieurs années de mariage, c'est aussi entre autres parce que les futurs conjoints n'auraient pas tenu compte de cet aspect.

Nous le disons parce que notre modeste expérience nous apprend que la plupart des défauts constatés ou découverts dans le mariage ne sont rien d'autre que les tares ou points faibles déjà repérés lors de ladite période et dont on n'a pas tenu compte.

En effet, comme un arbre penché ne peut être redressé qu'en début de sa croissance, mais qu'une fois épanoui dans cet état aucune action ne pourra plus être menée ; nous pensons qu'il ne sert à rien d'avancer si déjà à cette étape les violons ne s'accordent pas en dépit de plusieurs tentatives de réconciliation, d'harmonisation ou de mise à niveau. Il faudra stopper et accepter de souffrir une fois pour toutes que de continuer à concilier l'inconciliable. Là serait la deuxième grosse erreur !

C'est vrai que c'est dur de se séparer d'avec quelqu'un qu'on aime ou qu'on a appris à aimer depuis un certain temps, mais c'est mieux de souffrir une fois puis oublier en changeant de route que souffrir toute sa vie. D'ailleurs la Bible conseille que : « si ta main est une occasion de chute, coupe-la et jette-la loin de toi ; car il est important qu'un seul membre de ton corps périsse afin que ton corps entier n'aille pas dans la géhenne » (Matthieu 5 : 30).

Pourquoi est-il nécessaire de rompre les fiançailles dès que l'on constate qu'elles augurent un mariage chaotique ? C'est parce que, comme expliqué à l'introduction : le souhait de tout humain est de vivre heureux, une vie que l'on sait d'avance qu'elle sera ponctuée des difficultés n'est naturellement pas bonne à prendre.

Une autre raison, c'est qu'il ne faut jamais oublier que les fiançailles ne constituent qu'une période d'observation. Comme les futurs époux ne vivent pas encore ensemble et ne se rencontrent que périodiquement, beaucoup ne s'ouvrent pas totalement à leurs partenaires et cachent très souvent leurs grands défauts. Des défauts qui deviendront graves et insupportables lors de la vie commune. Le fait d'en découvrir quelques-unes des plus graves est une chance parce que l'être humain est un iceberg dont la partie émergée ne constitue qu'une infime portion de ce qui est caché.

Proverbes 27 : 12 dit que : « l'homme sage voit le mal de loin et s'en détourne, tandis que l'insensé s'avance sans tenir compte du danger jusqu'à ce qu'il tombe dedans ». Il sera dans ce cas impérieux de se retirer quand il est encore temps. Dieu mettra sur votre parcours votre pointure : une personne correspondante à plus ou moins votre profil.

Mais lorsqu'on fait fi de tous ces éléments d'alerte et s'engage finalement, croyant toujours à ses pouvoirs surnaturels de convertir un mauvais époux ; votre mariage risquera de devenir un calvaire. Et en ce moment-là, il deviendra difficile de faire machine arrière, considérant que la vie chrétienne le déconseille (Marc 10 : 9 : « Que l'homme ne sépare pas ce que Dieu a uni »). Même vos encadreurs spirituels – pasteurs, diacres et anciens – vous encourageront de tenir bon, juste parce qu'ils ne souhaiteraient pas marcher à l'encontre de ce commandement. Et vous tiendrez bon dans l'amertume, chose qui sera à l'opposé de l'essence du mariage à l'image du Jardin d'Eden censé équivaloir à un lieu de réjouissance.

Cependant, il est conseillé de ne pas se désengager à la découverte du moindre défaut chez son futur partenaire, car l'homme étant imparfait suite au péché d'Adam, personne ne manque de défauts en lui. Le plus important sera plutôt d'essayer d'arranger ce qui peut l'être. C'est par là que nous parlons de la réconciliation au sein des couples fiancés ; sachant que le conflit au sens classique du terme et en dehors de toute considération spirituelle ou surnaturelle telle que vue par les Africains, ne consiste qu'en une opposition des positions. C'est donc un fait social normal et inévitable.

Ceci étant dit, pour prendre une bonne décision, il y a des myriades de facteurs à examiner dans cette étape chez votre fiancé. Mais dans cet ouvrage, nous vous proposons d'en examiner douze les plus essentiels :

La première matière à examiner dans cette série, c'est la mise à niveau. Elle n'est rien d'autre que le fait de ramener l'autre conjoint à un niveau social, intellectuel, spirituel... au sien. Ne perdons pas de vue que le futur mariage implique que les deux conjoints regardent dans la même direction, aient la même compréhension ainsi que la même interprétation des faits. Bref, qu'ils aient la même vision des choses.

C'est ici le grand combat pour le choix du futur conjoint. Pendant cette période des fiançailles, il est nécessaire de bien examiner le (la) conjoint(e) et le (la) soumettre aux tests d'aptitude et d'attitude par une tactique sage et intelligente. Signalons que dans cette matière, tout le monde n'a pas les mêmes facultés : il y en a qui assimilent vite, contrairement à d'autres dont le processus est plutôt lent ou quasiment nul.

Ainsi, pour ceux-là dont il ne sert à rien de forcer la note parce qu'ils sont limités dans leur intelligence, leur façon de voir, d'agir et de comprendre les choses ; ceux dont un jargon à Kinshasa qualifie de rabbi (c'est-à-dire des gens qui ne changent pas dans leurs mauvaises manières de voir et de faire les choses ; restant les mêmes hier, aujourd'hui et éternellement comparativement à Dieu qui ne connait aucun changement pour l'éternité). Il conviendra de prendre une décision sage pour éviter des problèmes d'incompréhension, d'inadaptation et autres du genre dans l'avenir.

Nous martelons que si les conflits survenus au cours des fiançailles perdurent et s'avèrent impossibles à résoudre malgré l'implication de plusieurs facilitateurs, il ne sera plus nécessaire de poursuivre la relation, car cela préfigure l'ampleur des problèmes à gérer dans le futur.

Rappelons que les failles décelées lors des fiançailles sont mineures et ne constituent que la partie émergée de l'iceberg. Les problèmes les plus graves seront rencontrés dans le mariage où, en dépit de découvrir la vraie grandeur de la miniature déplorée durant les fiançailles, d'autres facteurs entreront en jeu : les enfants, les questions financières et leur gestion, les belles familles et les tiers ; chacun apportant son cortège de problèmes. Donc les problèmes rencontrés lors des fiançailles sont que de l'entraînement, que le mariage constitue la compétition proprement dite. Considérant Luc 16 : 10 (celui qui est fidèle dans les petites choses sera aussi fidèle dans les grandes ; celui qui est malhonnête dans les petites choses sera aussi malhonnête dans les grandes), il est quasi impossible à un couple qui n'a pas réussi à résoudre les petits problèmes des fiançailles d'arriver à bout des grands du mariage.

Ajoutons en outre que cette crise de personnalité (que cela soit du côté de l'homme ou de la femme) pourrait s'avérer nuisible au le progrès du couple, car nul ne saura prodiguer de bons conseils à l'autre. En ne sachant pas ce qu'il faut conseiller à son conjoint ni dans quelle direction l'orienter, on se détruira mutuellement en adoptant une attitude silencieuse et observatrice. C'est ce qui fait que certains hommes, après avoir été élevés en dignité, se réveillent un jour et taxent leurs femmes de ne plus répondre aux exigences de leur nouveau statut social puis se marient avec une autre femme qui y corresponde.

Le deuxième problème à régler, c'est l'attitude devant les questions d'argent ; car beaucoup de mariages échouent à cause de ce problème. La Bible avertissant que : « l'amour de l'argent est la source de tous les maux » (1 Timothée 6 : 10), il faudra bien examiner cette question ; car il y a des personnes assoiffées d'argent (cupides), capables de foutre tout un mariage en l'air à cause de quelques convoitises. Naturellement la fiancée ne devra pas être financièrement et matériellement trop exigeante, et le fiancé ne sera pas en devoir de supporter tous les besoins de sa future épouse tant que celle-ci habiterait encore chez ses parents, surtout lorsque cela s'avère au-dessus de ces possibilités parce qu'encore étudiant ou fraîchement embauché dans un emploi. Cependant certains parents abandonnent la charge de leur fille à son futur époux et l'incitent même à lui exiger ce qui lui semblerait une mer à boire.

Devant ce constat, il faudra comprendre dans quel genre de famille on aura mis les pieds et projeter ce qui vous attendra à l'avenir et au besoin se retirer de ce piège qui se dessine ; parce que la vie est faite des hauts et des bas. Une femme pareille posera à coup sûr de sérieux problèmes si jamais la situation financière entrait dans la tourmente avec ses corolaires (la faim, le manque d'habits, etc.). Elle n'hésiterait pas à se retirer de ce mariage (à retourner chez ses parents en attendant que la situation s'améliore, tout en alléguant des motifs farfelus alors qu'en vérité elle n'aura simplement pas supporté la période de vache maigre). Son amour était basé sur des intérêts et que ce mariage serait conditionné. La mauvaise passe traversée par le couple l'amènera même à maudire Dieu ou à inciter son mari à le faire. Signalons que « maudire Dieu » ne consiste pas seulement à proférer des blasphèmes à son encontre. Une femme qui se donne à l'adultère à cause de la crise aura d'une autre façon maudit Dieu qui a permis que cela arrive dans leur foyer.

Une personne de bon cœur aura aussi un grand cœur : un cœur patient, un cœur non envieux, un cœur qui supporte les moments difficiles, un cœur tourné vers Dieu, un cœur qui ne cherche que du bien et ne fait que ça, en dépit de tout.

Pensant à cela, il faudra se demander :

a) Est-ce que votre future conjointe manifeste-t-elle les fruits de la patience ?

b) La vie du couple étant faite de hauts et de bas, est-ce que votre conjointe saura-t-elle résister à la crise ?

Signalons que d'autres femmes, devant des situations de crise, agissent dans le souci d'aider leurs foyers en faisant le porte-à-porte à la recherche de moyens de subsistance. Cependant cette initiative pourrait constituer un vrai danger parce que tout le monde n'est pas généreux. Un adage disant qu'il n'y a rien pour rien, certains hommes imposent le donnant donnant : aide contre sexe. Une femme sage supportera la souffrance et ne cèdera pas à ces genres de tentation ; mais une femme matérialiste donnera en contrepartie son intimité, souillant ainsi son lit conjugal, juste pour remplir son estomac. Notons que même les femmes vertueuses, à force d'endurer une souffrance interminable d'un côté et ces genres de tentation de l'autre, risqueront de lâcher du lest. Ainsi il faudra faire attention quand on demande de l'aide.

Le troisième point d'observation consistera à pratiquer des tests de sensibilité afin de découvrir les limites de confiance de leurs partenaires, parce que les indicateurs de ces limites (supérieures ou inférieures) dans tel ou tel autre domaine seront déterminants pour l'avenir et la survie du futur foyer.

À titre d'exemple : Un fiancé (disons simplement un amoureux clandestin, puisqu'ils ne s'étaient connus que depuis trois mois et que leur relation n'était même pas encore connue des parents) avait testé le sens de discipline de sa fiancée (copine) en lui demandant de le rejoindre à 23 heures dans un bistrot (communément appelé nganda à Kinshasa) en prétextant qu'il y avait urgence ; et sans tergiversation ni instance, la fiancée l'y avait rejoint quelques minutes plus tard, puis ils y passèrent plus de deux heures en compagnie de quelques amis.

Moralité : Une fille bien éduquée ne sort jamais sans une bonne raison du toit parental en pareilles heures pour rentrer à 2 heures du matin sans essuyer de reproche. Cela démontre une largesse du côté des futurs beaux-parents, puisqu'ignorant toute liaison entre leur fille et un éventuel garçon, ils ne pouvaient pas permettre ces genres de sorties. Là il faudra se poser ces questions :

— Est-ce que la famille était au courant ou saisie de la sortie nocturne de leur fille ?

— Si, oui, quels sont les arguments alors avancés par la fille ?

De toute manière, le jeune homme avait fini par y trouver la fille moins sérieuse et sa famille dotée d'un laisser-aller notoire. Ce test était « non concluant », et il avait fini par rompre cette relation.

Eu égard à cette histoire, il est important de bien examiner le modèle d'éducation offert à la fille dans sa famille afin de se décider. Rien n'est à négliger, car ce qu'on néglige, non seulement nous rattrape tôt ou tard, mais ça nous déstabilise ou nous détruit.

Le quatrième élément d'observation consiste à examiner les penchants du fiancé pour les psychotropes. Est-il ou elle adonné (e) au vin ou à d'autres stupéfiants ? Cela est extrêmement important parce que toute dépendance à ces genres de produits affectera non seulement la conduite de la personne concernée, mais aussi causera de graves dommages aux finances du couple. L'alcool et les drogues coûtent cher et comme la dépendance oblige à s'en procurer, ça sera comme si un bandit venait vous braquer tous les jours pour vous dépouiller de tout ce que vous avez en poche. Dans ce cas, beaucoup de projets nécessitant un financement pour le couple ne seront jamais réalisés à cause de cette rubrique extrêmement vorace.

Ces dommages ne se portent malheureusement pas que sur les finances qui ne seront jamais assainies. Les méfaits de l'alcoolisme ou de la toxicomanie entraînent aussi des disputes violentes, de la brutalité au sein du couple.

Une femme se plaignait justement que son mari n'arrêtait pas de prendre de l'alcool, que cela se terminait généralement par des coups reçus de la part de cet ivrogne, et que tout effort entrepris pour le faire décrocher butait sur une seule réponse : « j'ai du mal à arrêter, car j'en ai pris l'habitude avant le mariage ». En conséquence, la femme n'ayant pas résolu ce problème durant les fiançailles se résigne à vivre ce calvaire, car toutes ses tentatives de divorce butent sur la prescription chrétienne mentionnée au début : « Nul ne peut séparer ce que Dieu a uni ».

En plus, la Bible déclarant que le vin est plein d'insolence et l'alcool rempli de tapage, que celui qui s'en laisse griser ne pourra être sage (Proverbe 20.1), une personne sous l'emprise de l'ivresse ne pèse généralement pas ses mots. Elle est peu encline à la retenue et ne tient aucun compte de qui serait en face et débiterait tous les propos ruisselant de ses lèvres.

Sur ce point, il faut préciser qu'il y a deux types de personnalités : d'un côté il y a ceux qui ne perdent leur nord que lorsqu'ils se font manipuler par le vin ou les autres drogues, et de l'autre il y a ceux qui sont de nature impolie, même sans avoir rien pris d'enivrant. En effet, dans les deux, ces types de personnalité sont à surveiller à la loupe parce qu'ils constituent tous un danger pour les relations apaisées dans la communauté. Signalons que ça soit stimulé par des consommations d'euphorisants ou sans, la personne qui professe des propos indignes trahit l'état de son cœur. « C'est de l'abondance du cœur que la bouche parle ». (Matthieu 12 : 34)

La langue n'étant qu'un tout petit organe du corps, mais capable d'incendier toute une forêt, comme l'atteste la Bible, il sera question d'envisager ce que sera la conduite de votre fiancé face à votre famille lorsque commencera la vie de couple. Quel langage tient-il ou tient-elle devant ses propres géniteurs ? Et sur ce point, beaucoup de faits seront révélateurs dès la période des fiançailles, car si votre fiancé insulte facilement ses propres parents, les maudit ou les traite de tout – sorcier, idiot, etc. –, il ou elle ne témoignera d'aucun respect à l'égard des vôtres.

Le manque de respect, l'insolence, l'impolitesse, l'orgueil et les excès dans toutes choses réduisent ou froissent l'honneur, la personnalité et l'amour propre. Les statistiques en notre possession démontrent aussi que certains divorces n'ont comme soubassement que ces vices qui doivent attirer l'attention lors de la phase d'observation. Avant donc de se lancer dans le mariage, il convient de se poser ces questions : est-il ou-elle sincère ou hypocrite ? Est-ce qu'un conjoint aussi orgueilleux saura-t-il tenir dans un mariage, puisque l'orgueil produit tout ce qu'il faut pour faire de la future vie conjugale un échec et qu'un conjoint orgueilleux fuit infatigablement la réalité et la vérité sur lui-même ? Sur ce point, il est des défauts ou points faibles dont il ne faudra même ne pas réfléchir à deux fois avant de se retirer pour le bien de son avenir, à moins qu'on ait une révélation particulière de la part de l'Eternel Dieu.

L'autre volet de cet aspect (le langage) concerne la vérité. Lorsqu'un partenaire trompe pendant les fiançailles, il trompera également dans le mariage. Précisons que le terme « *tromper* » ne consiste pas seulement à dire le contraire de la vérité. Dans le mariage, cela s'étend aussi à l'adultère. Rappelons le passage stipulant que celui qui est juste dans de petites choses le sera aussi dans les grandes. Si votre fiancé vous trompe déjà sur des sujets sans importance comme son emploi du temps, la couleur des habits portés ou son école secondaire, ne vous leurrez donc pas. Il ou elle ne vous dira rien du tout s'il a une maîtresse ou elle a un amant.

Le cinquième point à régler durant la période des fiançailles, et c'est très important, c'est la question de la source des revenus. Le mariage entraînant des changements dans la vie des gens, ceux qui dans le passé étaient célibataires et pris en charge de leurs parents ou tuteurs entameront leur vie autonome. Cela implique qu'ils aient leurs revenus propres afin de ne dépendre de personne. Et c'est là que le bât blesse, car il y a toutes sortes de réalités : un jeune marié s'est plaint au bout de six mois de mariage, déplorant que sa femme refuse de lui faire des enfants par peur du lendemain. La situation sociale et matérielle du couple ne rassurant rien d'excellent, elle trouverait imprudent de faire des enfants dont on saura s'en occuper comme il se doit.

Voyez que la question d'argent conditionne beaucoup de choses dans la vie de couple. Surtout que cette question avait été posée pendant les fiançailles et que le jeune homme l'avait minimisée. Voilà maintenant que le vrai problème dans leur couple. Considérant que tout jeune couple cherche avec plaisir et bonheur l'arrivée d'un bébé, cela démontre à suffisance le manque d'amour véritable. Et il faudra absolument que les futurs mariés en aient un plan qui vaille.

En matière de source des revenus, on trouve 3 catégories d'hommes : certains travaillent et perçoivent un salaire, d'autres ne gagnent leur argent que par des moyens malhonnêtes (vol, escroquerie, banditisme, vente des drogues, et tutti quanti), pendant qu'une ultime catégorie d'hommes (surtout les jeunes) ne veulent pas travailler et se plaisent à passer le clair de leur temps à l'église où ils prétendent être appelés à temps plein. La plupart de ceux-là ne savent même pas ce qu'ils veulent et changent d'avis comme de chemises ; enviant constamment toute aventure de vie en Europe sans tenir compte de leurs propres réalités.

À cela trois possibilités se dégagent pour la vie du futur couple :

a) Pour le premier cas, les mariés ne vivront pas dans l'incertitude parce qu'ayant des revenus fixes. Il ne leur sera question que de les gérer avec sagesse, de ne pas avoir les yeux plus gros que le ventre, donc d'éviter les excès et se contenter de ce qu'ils gagnent et planifier leurs dépenses en y tenant compte. Sur ce point, la communication autour des revenus s'avère utile. Cela permet de clarifier les choses et d'orienter les dépenses. « C'est moi qui gagne ce salaire, et je le gère comme je l'entends », ont l'habitude de dire ces genres d'hommes. Mais il est impérieux que l'homme qui est censé trouver les fonds qui nourrissent la famille doive en parler avec son épouse afin qu'ils se concertent sur ce qu'il faudra acheter, etc. Puisqu'un époux qui ne communique pas sur ces genres de questions ne gérera le foyer qu'avec sa pensée unique [qui puisse être erronée] et engagerait des dépenses insensées, alors que sa femme pourrait bien l'aider en y apportant de bonnes idées.

b) Pour le deuxième cas, une certaine aisance matérielle sera peut-être acquise pendant un temps, mais comme on dit qu'il y a quatre-vingt-dix-neuf jours pour le voleur et un seul pour le propriétaire, cela finira par tourner au désastre ; car toute personne en conflit avec la loi se fera tôt ou tard rattraper par celle-ci. Ces biens mal acquis qui feront le bonheur du couple au début ne leur sera à l'avenir qu'une coupe très amère à boire.

c) Enfin à propos de la troisième catégorie, il faudra emmener ces genres de personnes à abandonner ces idées pour se mettre au travail ; car en persévérant dans cette voie, la future famille sera constamment dans le besoin. La manne n'étant tombée qu'une fois, un tel homme ne réunira même pas de quoi payer la dot, à moins qu'il abandonne le tout sur le dos des membres de l'église. Insistons aussi sur le fait que la Bible déclare clairement que « le travail procure l'abondance et le bonheur », et que « celui qui ne veut pas travailler ne mange pas, non plus ». Cela dit que le fait de passer tout son temps à l'église est un vice entraînant à la paresse et la recherche du gain facile.

L'autre danger à envisager dans ce registre, c'est que nombre des mariages qui finissent en queue de poisson. En effet, à la recherche d'une vie meilleure en Europe, Afrique du Sud ou même en Angola tout proche, beaucoup de maris quittent leurs épouses en vue de tenter une aventure à l'étranger dans le noble souci d'y faire fortune pour revenir dans quelques années ou carrément envoyer des billets à ceux restés au pays afin de les y rejoindre. Malheureusement, c'est la désillusion qui s'en suit. La femme attend pendant dix voire vingt ou plus sans nouvelles de son mari qui peut-être par honte n'osera pas remontrer le bout de son nez les mains vides. Les années passent, la ménopause intervient, la femme ne peut pas se remarier puisqu'aucun motif permettant le divorce n'est constaté. Et le pire, on apprendra par la suite que l'homme mènerait une vie de couple dans son pays d'accueil. Cette situation ne concerne pas que les hommes. Il y a aussi des femmes qui partent, elles aussi.

Les conjoints sont faits pour rester ensemble malgré les difficultés de la vie. S'il arrive que l'un parte pour des raisons ci-haut évoquées, un couple chrétien doit avant tout s'en remettre à Dieu, et le conjoint resté au pays devra tenir le coup ; mais celui qui voyage pense à rentrer si jamais les affaires n'y marchent pas. Ensemble, ils pourront réfléchir sur une autre piste à explorer.

Le sixième point d'observation concernera la mode. Celle-ci comprend deux volets. Voyons avant tout la tenue vestimentaire. Bien qu'on dise que l'habit ne fait pas le moine, reconnaissons au moins que c'est par son habillement qu'on l'identifie. Quand vous lisez la Bible ou regardez ses illustrations, vous remarquerez que les hommes s'habillaient en tuniques et les femmes en longues robes descendant jusqu'aux chevilles avec la tête complètement voilée. De nos jours les hommes sont en veste, pantalon et chemise ; tandis que les femmes s'habillent en pagne, robe pas trop longue de façon à descendra jusqu'aux talons, jupes, blouse, etc. Cela dit que la mode est une réalité ancienne, et chaque civilisation s'affiche selon les tendances du moment.

Cependant toutes les modes ne sont pas à suivre. De nos jours les designers ne dessinent plus que des habits qui révèlent les sous-vêtements ou mettent en exergue les parties les plus intimes de ceux ou celles qui les portent. Sachant que la Bible interdit toute conduite immorale, un ou une fiancé (e) qui s'habille de la sorte qui se mettre en tête qu'il ou elle marche à l'encontre des commandements de Dieu et passe de ce fait à côté de ses bénédictions (Lire 1 Corinthien 3 : 16 et 1 Timothée 2 : 9).

Ainsi, un ou une fiancé (e) qui expose son corps en s'habillant de façon indécente devra renouveler sa garde-robe ; dans le cas contraire, son partenaire devra se retirer. Une femme ou un homme qui ne craint pas Dieu ne respectera ni les lois du mariage ni son mari ni n'aimera sa femme.

Le second volet de la mode concerne les tatouages (dessin appliqué par insertion de substances colorées sous la surface de la peau) dont certains symbolisent des choses compliquées ou parfois effrayantes. Il y en a d'autres qui servent à témoigner l'appartenance de son porteur à un groupe, une cause, une philosophie, etc. D'autres n'en font que pour déclarer publiquement son amour à une femme ou un homme (on voit encore des cœurs transpercés par une flèche que beaucoup portent à l'avant-bras), tandis que certains snobes, ne font que reproduire la marque trouvée sur leurs vedettes préférées (musiciens, catcheurs, acteurs, etc.) sans pour autant en connaître sa signification. Il y en a qui affirment que les tatouages ajoutent quelque chose à la beauté. D'autres renchérissent qu'elles attestent qu'on est branché. Mais ne perdons pas de vue que les conséquences sont parfois désastreuses.

Un jeune avait ainsi annulé ses fiançailles juste après avoir découvert que sa fiancée portait un grand tatouage au motif compliqué au bas du cou. Les tentatives de la pauvre demoiselle pour les effacer auprès des spécialistes ne donneront aucun résultat hélas !

En effet, qu'on en comprenne la signification ou pas, il est extrêmement important d'éviter de s'infliger des marques aussi indélébiles sur son corps, puisqu'on ne sait pas ce qui arrive à l'avenir. À supposer que vous apparteniez à une association quelconque (musicale, théâtrale, folklorique, syndicale, etc.) dont les membres s'identifient par un signe gravé sur la peau. Vous l'avez peut-être fait quand vous aviez six ans et qu'à l'âge adulte vous quittiez le groupe ou changez simplement de vie. Ce cliché ne vous lâchera pas, mais vous poursuivra partout où vous irez. Et si ce groupe était de mauvaise réputation, les gens qui vous observeront ne croiront jamais que vous n'en faites plus partie. Et s'il arrivait que vous deveniez chef de l'État ou son épouse, cette marque sur votre corps ne porterait-elle pas préjudice à votre rang ?

D'autres parts, nous conseillons aux fiancés de ne pas rompre avec leurs proposés sur le simple fait qu'ils ou elles portent des tatouages. Tout le monde a un passé. Si l'un s'était tatoué dans son ancienne vie, l'autre y aurait peut-être volé. Le plus important n'est pas ce qu'on a été, mais plutôt ce qu'on devient. Si votre fiancé (e) en a tourné la page et soit revenu (e) à la sagesse, il ne sert donc plus à rien de continuer à lui faire porter le fardeau qu'il a déjà déposé. Le voleur qui a arrêté de voler ne traînera plus aucun signe distinctif sur soi comme le tatoué repenti le fera jusqu'à sa mort, mais cela n'exclut pas que tous traînent un passé sombre. Que l'ancien voleur ne tienne donc pas rigueur au tatoué puisque lui aussi a commis des bêtises par le passé.

« Si vous pardonnez aux hommes leurs offenses, votre Père céleste vous pardonnera aussi ; mais si vous ne pardonnez pas aux hommes, votre Père ne vous pardonnera pas aussi vos offenses. » Comme le déclare Matthieu 6 : 14-15. Sachez qu'il n'y a pas de grands péchés à côté d'autres petits. Tous ont péché et tous sont privés de la gloire de Dieu, comme l'atteste un autre passage biblique. Donc si votre fiancé a démontré les signes de repentance, accordez-lui tout votre amour et minimisez ses tatouages portés par la force des choses, mais qui n'aient plus aucun rapport avec le reste de sa vie.

Oui, la beauté est relative cependant nul n'oublie que la vraie beauté est d'abord intérieure puisque « la plus belle fille du monde ne donne que ce qu'elle a », comme dit un adage. Quel que soit son passé tatoué, une femme qui s'est repentie produira désormais de beaux fruits venant de son cœur, à la différence d'une autre quoique non tatouée ne produira que de mauvais fruits à l'image de son intérieur tourné vers le mal. Cette beauté ou lumière intérieure ne transparaît que pour aider le futur mari, et elle se traduit par : la douceur, la paix, la virtuosité... Bref, tout ce qui est bien, attrayant et bénéfique au futur ménage.

Le dossier mode traité, la septième étape de l'observation concernera la sexualité avant le mariage. Les choses doivent être claires sur ce point. Les fiançailles étant une période de préparation, cela n'accorde pas le droit aux contacts sexuels qui ne se feront qu'une fois la dot versée et les noces célébrées ; parce que beaucoup de fiançailles ont été ainsi écourtées pour se transformer en mariages hors-normes suite à une grossesse.

Cela résulte de plusieurs causes dont le point commun, consiste en la psychose de perdre l'autre face à la concurrence. Pour le garçon, les difficultés financières font parfois que les fiançailles tirent en longueur ; et la peur que la fille ou sa famille s'en lasse et que quelqu'un d'autre vienne leur demander sa main ; il brule les étapes et passe aux contacts sexuels. Pour la fille les mêmes motivations prennent d'autres visages. La peur de la fille de ne pas perdre ce monsieur dont elle n'est pas sûre d'avoir pour elle seule et qui risque de s'en aller ailleurs la pousse à lui proposer gracieusement son intimité. « Peut-être que cela servira à le retenir », pense-t-elle. Une jeune fille s'est même laissée rendre enceinte par un beau garçon dont elle voulait absolument garder un souvenir.

Quoi qu'il en soit, les contacts sexuels avant le mariage ne portent généralement pas de bons fruits, et ces genres de fiançailles restent souvent sans suite.

La huitième question à traiter portera sur l'influence de la belle-famille dans le futur couple. Il y a plein de signes annonciateurs qui ne trompent pas parce qu'ils aident à déterminer le profil de la famille dans laquelle vous désirez d'entrer.

D'un côté si à chacune de vos visites dans la maison de votre fiancée, ses frères, sœurs ou parents ne présentent qu'un état de besoins, il faudra y conclure que vous êtes tombé sur une famille matérialiste et que toute votre vie de couple ne consistera qu'à traiter des problèmes d'argent.

Fort probablement, ces genres de famille ne lâchent jamais leur fille, même partie en mariage, et s'immiscent continuellement dans sa vie conjugale ; allant jusqu'à tirer les ficelles qui rendent l'épouse entêtée, exigeante ou carrément lui fassent prendre des congés de son foyer pour se replier dans la maison parentale en cas de demande d'argent non accordé.

De l'autre côté il est non négligeable de bien connaître si votre futur conjoint est issu d'une famille : recomposée (des divorcés qui se sont remariés chacun de leur côté), monoparentale, de concubinage, agitée avec pleins de tensions, polygamique, polyandrique, etc. ; car cela donne une certaine idée de ce qu'on a en mains.

Tel père, tel fils (ou telle mère, telle fille), comme on dit ; le modèle par défaut des enfants étant leurs propres parents, la plupart ceux-ci finissent par adopter leurs styles de vie par imitation naturelle. Et à force de ne jamais trouver de modèles alternatifs qui les convainquent, ils s'y enracinent. En résultat, les mères divorcées font à leur tour des filles divorcées, des enfants issus d'un mariage de fait enceintent puis entament leurs vies de couple sans payer la moindre dot. La polygamie du père stimule l'intuition du fils à s'entourer des maîtresses, la mère polyandre produit généralement une fille qui à son temps n'hésitera pas à tromper son mari avec une armée d'amants, et ainsi de suite. Cela se passe ainsi parce que les enfants ayant baigné dans cet environnement le trouvent normal et finissent par s'y conformer.

En plus il faut relever qu'un enfant ayant grandi sans père ni mère adopte généralement une attitude vide de confiance en soi, et son moral est teinté de blessures, d'indépendance, ou de rébellion.

Alors lorsqu'on se résout d'épouser une personne pétrie dans cette moule, le plus grand travail consistera à lui enseigner d'autres valeurs (plus morales cette fois) afin de lui faire changer sa conception des choses. Les exemples sont légion, attestant que des personnes issues des familles aussi problématiques deviennent des modèles de vertu.

Cependant lorsque malgré les insistances votre fiancé n'arrive pas à changer, le mieux serait de lâcher l'affaire sous peine de vivre tous les cauchemars énumérés ci-haut.

Dans le cadre de notre expérience, nous eûmes à gérer un conflit au sein d'un foyer dont le mari se plaignait de sa femme qui vivait comme si elle n'était pas mariée (une conduite semblable à celle d'une femme célibataire), et au-delà de cela, elle se comportait en chef de la maison, donnant des instructions à son mari et inversant les choses ainsi que les attributions. Après que nous ayons échangé avec la femme en question, nous avons compris qu'elle était issue d'une famille monoparentale. C'est-à-dire qu'elle n'a vécu qu'avec sa mère qui, quoiqu'étant la deuxième femme d'une personne élevée en dignité (celle qu'on appelle « deuxième bureau » à Kinshasa), assumait toutes les prérogatives de père et chef de la famille puisque le « papa » n'était jamais là. Elle voyait comment sa mère gérait leur maison, donnait des instructions à ses différents travailleurs. C'est l'image de gestion du foyer lui est restée gravée dans la mémoire. Ce qui faisait qu'elle sortait à sa guise comme le faisait sa mère, oubliant que pour son cas, elle avait un mari à qui elle devait rendre des comptes.

Un autre exemple concerne une femme, bien âgée, qui n'accordait aucune importance au mariage simplement parce qu'elle ne souhaiterait pas être malheureuse comme sa mère qu'elle maltraitée par son père. Tout ce qu'elle souhaitait, c'était de faire des enfants sans mariage et de les garder, puisque les hommes sont tous méchants et indignes de confiance, selon sa vision des choses.

Par la grâce de Dieu, nous l'avons aidée par des enseignements, des conseils et des prières qui lui feront changer d'avis.

Avec tous ces exemples, rappelons (comme nous l'avons démontré plus haut) que le degré de la moralité de la future belle famille (donc son profil) est aussi un élément à prendre en considération pour et la survie de votre futur foyer.

Ainsi, nous conseillons aux fiancés qui n'arriveront pas à résoudre la question de la mainmise de leurs belles-familles de se retirer avant que les choses ne pourrissent dans leurs mariages.

Le neuvième point d'observation se basera sur la spiritualité. En tant que chrétien, il faudra se rassurer que votre conjoint soit né de nouveau et par le fait ait accepté Jésus-Christ comme seigneur et sauveur personnel ; puisqu'il est fortement recommandé de choisir un conjoint avec qui on partage la même foi et les mêmes convictions. « Ne vous mettez pas avec les infidèles sous un joug étranger. Car quel rapport y a-t-il entre la justice et l'iniquité ? Ou qu'y a-t-il de commun entre la lumière et les ténèbres ? », comme écrit dans 2 Corinthiens 6 : 14.

Donc si les époux ne sont pas unis dans la même foi, leur mariage ne sera qu'une cacophonie. Une sorte de Tour de Babylone dans laquelle l'homme et la femme ne parlant pas le même langage spirituel ne construiront rien de solide. L'éducation des enfants en pâtira puisque ceux-ci manqueront des repères fiables sur des questions spirituelles, morales ou socioculturelles qui établissent leur personnalité.

La Bible ajoutant aussi : « Ne vous y trompez pas : « Les mauvaises compagnies corrompent les bonnes mœurs. » ; l'autre grave problème sur ce registre, c'est que le conjoint chrétien, s'il n'est pas très affermi dans sa foi, sera influencé puis détourné de sa voie chrétienne. Mais si les deux sont chrétiens, les faiblesses spirituelles de l'un seront améliorées par le zèle de l'autre qui l'affermira. Par conséquent la solution la plus sage pour un chrétien est de se marier dans le Seigneur. Là aussi sera le rôle des parents, car les chrétiens ne sont pas conseillés de marier leurs enfants à des non-chrétiens, au risque de les confier entre de mauvaises mains. Ils doivent en expliquer la raison de leur refus à leurs progénitures ; et aux enfants de leur obéir, conformément à ce passage biblique : « Jeunes gens, écoutez vos parents… Ne savez-vous pas qu'ils sont des dieux pour vous ? » puisqu'il y a beaucoup de jeunes qui regrettent de s'être marié avec des non-chrétiens sans la bénédiction ni accord de leurs parents.

La question de la foi résolue, le dixième exercice se portera sur l'âge du conjoint. Précisons qu'il n'existe aucun commandement biblique qui impose l'écart d'âge entre les mariés. Mais nous basant sur cette autre prescription biblique : « la nature ne vous enseigne-t-elle pas ? » ; nous croyons que l'expérience sur terrain devra nous interpeller.

En effet dans les couples dont la femme est plus âgée que le mari, le début chante un amour idéal, mais avec le temps la femme vieillit avant l'homme avec les faiblesses physiques et la perte de la beauté qui vont avec ; les problèmes s'enchaînent. Le mari commence à voir un peu ailleurs, chez des femmes plus jeunes, etc. À ajouter les regards de la famille, des amis et connaissances et les commérages qui iront avec (des propos du genre que votre fiancé aurait le même âge que votre père ou mère ou serait même plus âgé qu'eux...) ; l'âge devient finalement la cause majeure des conflits dans le couple.

En conclusion, les couples ayant un important écart d'âge sont plus fragiles que les autres. Le choix d'un conjoint doit donc vous emmener à voir loin, à faire des projections dans le futur. Il s'avère utile de se demander, en faisant son choix, si dans dix, vingt ou trente ans, l'apparence bien trop vieille de l'autre ne deviendra pas un obstacle à la survie de votre vie de couple.

La onzième étape lors des fiançailles concernera les enfants faits avant la prochaine union. L'un des partenaires vient avec un ou plusieurs enfants faits dans sa jeunesse dans son premier mariage. Tout ira bien au début quand la folie de l'amour s'impose encore, mais tout risquera de s'envenimer dès que le couple commencera à faire d'autres enfants. Est-ce que (le parâtre ou) la marâtre continuera de chouchouter les enfants de sa rivale ou sa rivale au même titre que ses propres enfants ? Là, il faudra que les choses soient bien réglées avant de s'engager dans le mariage, car si les premiers enfants deviennent l'objet de l'injustice ou des cruautés de la part du parent qui ne les a pas donné naissance, la vie familiale risquera de ne plus jamais être une harmonie comme ça l'avait été au début.

Sur ce point, deux options restent possibles : soit le père ou la mère des premiers enfants se laissent embobiner par la haine de son conjoint et que les enfants ne trouvent plus aucun intérêt à rester dans cette maison qui ne leur paraît plus qu'un lieu des supplices et prennent la rue ; soit celui-ci s'y oppose et que cela entraîne le divorce.

En effet, c'est l'amour indéfectible de celui ou celle qui épouse une personne déjà père ou mère qui doit prévaloir. Le plus grand fruit de l'esprit, c'est l'amour. Et le (la) fiancé (e) doit comprendre que ces enfants ne sont que des produits d'une vie antérieure de son amoureux. Ils n'y sont pour rien dans la séparation de leurs parents et ne souhaitent que retrouver la chaleur d'un parent qui les élève dans l'amour et la joie comme ils en auraient bénéficié de la part de leur géniteur qui ne vit plus avec eux. Cet amour consiste aussi à ne pas dramatiser leurs caprices, car tous les enfants sont capricieux. Même ceux qu'on fera soi-même ne dérogeront pas à la règle. Donc il faut traiter tous les cas avec la même équité. Qu'on ne sente pas la différence entre les deux catégories d'enfants.

D'autres parts, ces enfants affligés par la séparation de leurs parents et désirant une éventuelle réconciliation (si tous sont toujours en vie) ou même si le parent à remplacer est décédé, de prime abord n'accueilleront pas favorable l'entrée du nouveau parent. C'est là qu'il faut user de sagesse d'adulte et gagner leur confiance dans la paix. Les faits sont avérés que les enfants élevés par un parent de remplacement finissent par l'adopter et l'aimer plus que celui qui leur avait donné naissance.

Une ultime question en matière des remariages consiste à savoir s'il est prudent de se marier avec quelqu'un qui ait déjà trois divorces à son actif, des divorces dont les causes restent inconnues ou pas du tout évidentes. Sur ce point il faudra écouter non seulement le Saint-Esprit, mais aussi l'entourage ; car nombreux sont ceux qui regrettent aujourd'hui de ne pas avoir écouté les autres. Cela arrive particulièrement aux intellectuels qui semblent toujours avoir des explications et des réponses, bien que la question posée dépasse l'intelligence humaine.

Que Dieu vous donne cette capacité de l'écouter et d'écouter votre entourage, car votre bonheur en dépend. Il est écrit : « Bien que le [Dieu] Fort parle une première fois, et une seconde fois à celui qui n'aura pas pris garde à la première » (job 33 : 14).

Enfin le douzième point qui restera à traiter durant les fiançailles, c'est le partage des vérités entre futurs conjoints. Chacun est tenu de renseigner l'autre sur son passé, sachant qu'il y a passé et passé. Certains finissent rattraper leurs auteurs que les conséquences seront plus ou moins graves en fonction de si on avait pris ou non le soin d'en parler avec votre futur partenaire.

Il est vrai que les risques sont grands, certaines personnes n'arrivent jamais à supporter le passé surtout sulfureux de leurs fiancés et se désengagent à la première révélation. Cependant il est important de lui en parler soi-même que de le lui cacher pour qu'il le découvre par d'autres personnes. Gardez à l'esprit que la vérité libère, que certains graves problèmes apparemment insurmontables ont facilement trouvé des solutions. « Une faute avouée est à moitié pardonnée », dit-on.

Un mari était sorti, dans sa jeunesse, avec une jeune fille dont il avait caché l'histoire à sa fiancée qui trouvera du travail dans une grande firme privée quelques mois après leur mariage. Mais le problème fut que sa supérieure hiérarchique directe était bel et bien cette jeune fille-là (celle qui eut une liaison avec son mari quelque temps auparavant). Elle avait découvert de qui sa subalterne était épouse, pendant que la pauvre femme ne savait toujours rien du passé de sa patronne. Tout ce qu'elle savait, elle était désormais l'objet des harcèlements et punitions sans fondement de la part de son chef dont elle finira par en faire état à son mari. Celui-ci, en menant ses investigations, découvrira qu'il s'agissait des persécutions basées sur la jalousie que la manager faisait subir à celle qui avait pris son ex-copain.

La moralité dans cette histoire est qu'en ne mettant pas en garde son conjoint, on l'expose parfois à des calvaires gratuits.

Pour clore ce chapitre, nous vous demandons de tenir compte des avis des uns et des autres, d'être informé sur la vie de votre futur (e) fiancé (e) avant de vous lancer dans le vif du sujet (donc le mariage). C'est très important, car votre bonheur en dépend. Sinon, certaines réalités, surtout spirituelles, peuvent vous surprendre.

En effet, si vous êtes convaincu que votre futur (e) conjoint (e) répond aux critères tels que définis ci-haut ; vous pourrez sans crainte passer à la prochaine étape. Toutefois, n'oubliez pas de solliciter l'aide de Dieu, notre Père qui est dans les cieux, pour vous soutenir dans cette démarche.

3. LA FIN DES FIANÇAILLES ET LE PASSAGE AU MARIAGE

Le processus des fiançailles s'apparente à la transformation de l'énergie produite par l'eau du fleuve en courant électrique. Mais le courant produit reste encore au niveau du barrage qu'il faudra envoyer vers les centres de traitement et de distribution. C'est là qu'entre en scène l'étape transitoire entre le célibat et le mariage.

À ce niveau les fiancés ressemblent à des gens qui, après avoir parcouru des kilomètres, se retrouvent au bord d'un fleuve. Là, ils ont encore les pieds dans le célibat ; parce que nombreux croient qu'après s'être assurés et avoir eu la confirmation que la personne observée répond aux critériums que le « mariage » aurait alors commencé. Grosse erreur, puisqu'il leur reste encore une étape à franchir. Et cette étape consistera à traverser ce cours d'eau en vue de fouler ce sol qu'on appelle mariage. Là, le bateau ou le pont à emprunter repose sur 4 conditions essentielles :

1. Des examens prénuptiaux

Bien que faisant partie des observations liées aux fiançailles, nous les alignons parmi les conditions sine qua non de l'étape intermédiaire parce qu'ils ne se font que lorsque tout sera fin prêt, que le mariage devient une certitude et sa date très proche !

Ignorés ou négligés dans les décennies passées, ils deviennent incontournables de nos jours à cause des ravages constatés dans les couples. Ce sont donc des examens médicaux dans lesquels on détermine :

a) la sérologie des fiancés : si tous sont séronégatifs, c'est parfait ; si tous sont séropositifs, ils peuvent se marier à condition de suivre des prescriptions médicales afin de vivre plus longtemps ; mais si l'un est séropositif et l'autre séronégatif, on leur conseille d'annuler ce mariage, car il n'est pas heureux de célébrer un mariage, dont l'un des contractants entraîne l'autre dans sa mort. Là, nous revenons à la mise en garde formulée dans la partie observation. Les fiançailles ne constituent pas un moment pour les contacts sexuels puisqu'aucun contrôle médical n'est encore effectué. Et si le couple tombait dans le troisième cas, en voyez-vous la désillusion ?

b) les maladies vénériennes : la blennorragie, la syphilis, la chlamydia et les autres maladies de ce genre sont généralement source de stérilité et certaines peuvent être mortelles ou même causer la cécité. La bonne nouvelle est qu'elles peuvent être soignées et on en guérit lorsqu'elles sont diagnostiquées à temps. Cependant lorsqu'il devient trop tard, les germes auront déjà détruit les organes reproducteurs, le médecin pourra déconseiller le mariage ; à moins que les couples acceptent de s'unir sans le moindre espoir d'élever des enfants biologiques. N'oublions pas que ces genres de couples deviennent une sorte de « tombeaux blanchis ». C'est-à-dire qu'ils donnent l'image d'être heureux pendant qu'au fond, c'est la tristesse, la misère, le remord, voire la colère de ne pas avoir de la progéniture. Précisons aussi qu'un couple sans enfants ne fait jamais bonne opinion dans nos familles africaines.

c) les facteurs « A » et « S » dans le sang : si les conjoints sont du groupe AA, le mariage sera sans histoire ; si l'un est AA et l'autre AS, il n'y aura rien à craindre, si le croisement donne AA et SS, le couple aura des enfants qui grandiront, mais le conjoint SS n'aura probablement pas beaucoup de temps à vivre ; enfin si tous sont AS, il leur sera conseillé d'annuler le mariage, car ils risquent de faire un quart (1/4) des enfants SS qui risquent de ne pas grandir.

d) le facteur rhésus : si les deux sont du signe rhésus positif (A+, B+ ou O+), le mariage sera heureux, si la femme est rhésus positif et l'homme négatif, aucun problème ne se posera sur la descendance ; cependant si l'homme est positif et la femme négative, le premier enfant naîtra sans problème et vivra tout en laissant les antigènes dans l'organisme de sa mère qui détruira tous les embryons (grossesses) à venir. Donc des enfants qui seront mort-nés ou naîtront en vie pour mourir au bout de quelque temps seulement. De nos jours, il y a des traitements pour pallier ce problème, mais ils sont très coûteux avec un taux de réussite en demi-teinte.

c) l'hépatite C : cette maladie pouvant être mortelle et parfois difficile à soigner se transmet aussi par des voies sexuelles. Ainsi si l'un des futurs mariés en souffre, il faudra les dissuader à poursuivre leur route ensemble.

Notons que sur ces points, quelques constats doivent mettre de la puce à l'oreille. Par exemple si l'un des futurs conjoints a dans le passé perdu plus d'un ou une fiancée (e) de suite d'une mort subite dont on n'a jamais pu élucider la cause ou une maladie plus ou moins longue. Il faudra dans ce cas chercher à savoir les causes de ces décès, car si c'est suite soit à un état de stress dont les victimes ont été soumises dans leurs relations soit à une maladie contagieuse, le mal frappera encore.

Dieu peut opérer un miracle et les miracles sont toujours possibles. Mais il convient de ne pas le mettre à l'épreuve quand on sait le mariage part sur de mauvaises bases (Luc 4 : 12), sachant aussi que la Bible déclare que « Dieu nous protège, mais nous devons aussi nous protéger nous-mêmes).

Signalons en outre qu'au nom et à cause de l'amour, certains jeunes couples vont jusqu'à falsifier le résultat de leurs examens. Mais cela les rattrape plus tard et finit par les détruire. Il faudrait savoir qu'une union fondée sur le faux a du mal à résister contre les intempéries de couples et de la vie.

2. Le mariage coutumier

« Que le mariage soit honoré de tous… », déclare l'épitre aux Hébreux 13 : 4. Ceci constitue le premier pas avancé dans le vif du sujet. C'est là que les anciens fiancés commenceront à devenir mariés. Il est célébré en famille.

Certains l'appellent « le véritable mariage », car la loi congolaise (le code de la famille) atteste que la fille appartient à sa famille biologique, et que toute personne demandant sa main devra verser à celle-ci (au père de la fille ou son remplaçant légal) la somme d'argent et les autres objets demandés selon ses coutumes (comme les ancêtres le pratiquaient dans le temps). Ce fait atteste l'officialisation, l'institutionnalisation, l'acceptation et la reconnaissance de cette union par les deux familles.

Son importance tient en ce qu'il permet d'être en conformité avec les us et coutumes qui régissent une communauté (tribu, clan ou groupe ethnique), honore les parents de deux familles (Exode 20 : 12), valorise l'homme qui verse la dot (dans ce cas on ne dira pas qu'il soit entré par la fenêtre, comme il est usuel à Kinshasa), mais aussi la femme pour qui cette dot est versée.

L'autre point important, ce que la conclusion de ce mariage donne accès à la célébration de deux autres qui suivent (les mariages civil et religieux) puisque l'officier de l'état civil et le pasteur en demandent la confirmation avant de déclarer le couple mari et femme !

Bien que dans le fonds et la forme, la dot diffère selon qu'il s'agit d'une coutume ou d'une autre ; les ancêtres qui ont commencé cette pratique ne demandaient que des présents symboliques qui ne soient pas une mer à boire pour le gendre. Cependant il est à déplorer certains abus ayant fait école dans notre société actuelle. La valeur de la dot ayant sensiblement évolué de nos jours, certaines familles y trouvent une occasion de s'enrichir sur le dos de l'époux en exigeant des sommes faramineuses qui ne tiennent pas compte des réalités économiques du pays.

Le malheur dans ce cas, c'est que pendant que la famille se frotte les mains à l'idée d'avoir réalisé l'affaire du siècle, leur fille passe des moments de crise dans son foyer : d'abord son mari pourrait lui faire payer la rancœur cultivée contre les siens ; mais ce qui est sûr, le couple se rationnera longtemps pour rembourser toutes les dettes contractées en vue de répondre aux exigences de la dot.

Une autre constatation, c'est que face aux difficultés de réunir tout ce qui est exigé, certains hommes ne paient qu'une partie de la dot exigée tout en promettant de compléter à l'avenir. Généralement la promesse reste sans suite ; mais les conséquences suivent toujours. Pour ne l'avoir pas respecté, plusieurs couples connaissent de problèmes sérieux dans leurs ménages.

Il faudra aussi savoir que les enfants nés dans un foyer dont la dot n'a pas été honorée sont considérés, dans la plupart des coutumes, comme le fruit de la prostitution et appartiennent à la famille de la femme. C'est dire que l'homme et sa famille n'auront aucun droit sur ces enfants. Ainsi nous disons, quel que soit le montant demandé par la belle famille, il faudra se battre pour s'acquitter des droits d'autrui et vivre en paix dans son mariage. N'oublions pas qu'on peut marchander et rabattre le prix de la dot.

La Bible soutient : « Israël, c'est pour toujours que je t'obtiendrai en mariage. Pour t'obtenir, je paierai le prix... » (Osée 2 : 21-22)

C'est important d'honorer sa femme en payant la dot auprès de la belle-famille, mais c'est encore mieux d'aller ou se présenter devant l'officier de l'état civil pour que l'union soit reconnue par l'État.

3. Le mariage civil

En effet, le mariage civil est le passage obligé avant la bénédiction nuptiale pour tout chrétien. Il est célébré par l'autorité publique qui valide l'union. Appelé aussi « mariage-célébration », le mariage civil est celui célébré devant l'officier de l'état civil qui est seul compétent pour recevoir les déclarations et dresser les actes de l'état civil auxquels il confère un caractère authentique.

Le législateur congolais exige qu'une fois célébré en famille, le mariage soit enregistré à l'état civil pour qu'il soit opposable à tous les tiers. Donc cet acte abroge toutes les dispositions antérieures. Cela veut dire que tous les anciens mariages n'auront plus d'effet parce que la loi congolaise ne reconnaît pas la polygamie. C'est considéré que les couples qui se présentent devant l'officier de l'état civil sont célibataires, veufs ou divorcés en bonne et due forme. Pour ce faire, avant de sceller cette union, une invitation est toujours lancée à toute personne désapprouvant pour une raison ou une autre cette relation. On y donne donc la possibilité aux autres époux d'apporter les preuves attestant que la personne qui se marie n'en a pas le droit puisqu'elle est bel et bien mariée avec eux.

Il est donc un acte juridique, authentifié par une déclaration officielle effectuée auprès d'un officier public et permet d'organiser la vie commune des époux. Les époux auront le choix de régime matrimonial contractuel : la communauté universelle attestant que tous les biens même acquis avant le mariage appartiennent au couple, la séparation des biens qui établit une distinction entre ce que chacun gagne (les biens du mari ne sont pas ceux de la femme et vice-versa), la communauté des biens réduite aux acquêts qui dit que chacun garde ce qu'il a obtenu avant le mariage et que tout ce qu'ils auront à partir de la célébration du mariage leur appartiendra à tous les deux.

Ici, concernant le choix, il importe à chaque couple de faire son choix suivant la voix du Saint-Esprit. Le plus important est que le couple puisse se présenter devant les autorités publiques pour y être enregistré.

Si nous insistons sur ce point, c'est notamment par rapport aux témoignages et expériences que nous avons recensés sur cette matière. En effet, nous avons vu et rencontré une dame vivant sous le même toit qu'un monsieur pendant plusieurs années, ne pas contracter le mariage civil avec lui. Le malheur de cette dame est arrivé lorsque ce monsieur, ivre d'amour pour une seconde femme, se présentera devant l'officier de l'état civil pour un mariage avec cette dernière. La première femme se verra devenir la seconde, perdant ainsi son statut et tous ses droits (rappelons que la loi congolaise ne reconnaît pas les deuxièmes bureaux, même si leurs enfants sont reconnus).

D'autres femmes perdent leurs avantages sociaux comme des allocations familiales, les soins de santé (l'entreprise employant leurs maris ne les reconnaît pas), les parts d'héritages à la mort de leurs maris, etc. pour la simple raison qu'elles n'ont jamais été épousées civilement (même si tout aura été réglé sur le plan coutumier).

C'est dans ce sens que nous martelons en disant que le bonheur futur de votre couple en dépend aussi : si vous êtes mariés civilement, vous serez en sécurité et tout désagrément dans l'avenir vous sera évité. Il est donc important de sécuriser votre mariage en allant chez l'officier de l'État civil afin qu'il soit inscrit dans la société et soit également reconnu par cette dernière.

Pour l'amour de Dieu, nous vous prions de placer votre union dans un cadre juridique afin de la sécuriser ainsi que tout ce qui en découle.

Chers chrétiens, notez que seul le mariage civil est reconnu par la loi.

Ne pensez pas qu'en allant à l'église pour la bénédiction nuptiale sans passer par devant l'officier de l'État civil, vous aurez la couverture divine. Erreur grave ! Dieu aime de l'ordre !

4. La bénédiction nuptiale

En tant que chrétien, il est recommandé et de coutumes qu'après le mariage civil qu'on se présente à l'Église afin d'obtenir une bénédiction nuptiale. Il faudra, là, éclaircir les choses, car beaucoup, par ignorance et aberration, l'appellent « Mariage religieux », pendant que l'Église ne marie pas les gens (comme le font la coutume et l'autorité civile), mais les bénit. Le terme approprié est donc la « Bénédiction nuptiale ».

Appelé aussi « Célébration ou bénédiction nuptiale », il est célébré ou conclu selon les prescriptions d'une église ou d'une secte religieuse. Il est donc important que chacun franchisse toutes ces étapes, à savoir : les fiançailles, le mariage coutumier (le versement de la dot), le mariage civil et la bénédiction nuptiale, appelée vulgairement : « le Mariage religieux ».

En effet, en nous référant à ce passage du code congolais de la famille : l'union qui n'a été conclue que selon les prescriptions d'une église ou d'une secte religieuse ne peut produire aucun effet du mariage ; il sied de noter que le législateur congolais ne parle pas et ne reconnaît pas le mariage religieux. Cependant en tant que chrétien, il est souhaitable d'arriver au mariage religieux pour honorer Dieu qui déclare qu'il honorera ceux qui l'honorent, mais aussi l'inviter dans cette relation ; conformément à ce qui est écrit : « si Dieu ne bâtit pas la maison, ceux qui construisent travaillent en vain ».

Ce n'est que dans ce cadre que nous parlerons du vocable Mariage intégral qui n'est autre qu'une conjugaison d'actes coutumiers, civils et religieux dans lesquels deux personnes de sexe opposé et ayant l'âge légal s'unissent dans le but d'entamer une vie commune (habiter ensemble, partager un même destin, s'entraider, perpétuer l'espèce) jusqu'à ce que la mort les sépare.

4. LE MARIAGE PROPREMENT DIT

Enfin vous voilà arrivés dans l'autre rive, l'objectif est atteint. Ce courant produit à des centaines de kilomètres arrive enfin dans votre maison. C'est à vous d'y installer un dispositif permettant de l'utiliser comme il se doit (les prises, les interrupteurs, les fils, les disjoncteurs, etc.), mais aussi de surveiller la consommation afin que la facture ne soit pas exorbitante, puis la payer dans le délai pour éviter d'éventuelles coupures. Et si la lampe s'éteint suite à un court-circuit local, recherchez la panne et réparez-la au plus vite.

Le mariage proprement dit commence juste à la fin de la soirée festive donnée par ou à l'honneur du couple, au bout de cette longue procédure. Et le rêve devient réalité ! Il vous appartient donc de le maintenir, de le rendre agréable, d'en jouir comme il est écrit dans le livre d'Ecclésiaste 9:9 : « Jouis de la vie avec la femme que tu aimes, pendant tous les jours de ta vie de vanité, que Dieu t'a donnés sous le soleil ».

Le mariage est donc perçu comme le début d'une nouvelle famille, un cadre spécialement réservé à l'amour, à la paix, à tout ce qui est beau, bon, et qui peut contribuer au bonheur et à l'épanouissement individuel des époux.

Mais pour que ce bonheur conjugal soit effectif et palpable, ce passage biblique s'avère indispensable, un grand commandement devra être gravé en lettres rouges dans le cœur et répété constamment par chacun des partenaires : « Que le mariage soit honoré de tous, et le lit conjugal exempt de souillure, car Dieu jugera les impudiques et les adultères ». (Hébreux 13:4)

Le lit conjugal est une métaphore parlant du corps (de l'homme et de la femme), de leur intimité qu'on ne peut offrir à personne d'autre que son conjoint. En termes clairs, l'homme et la femme ne seront donc plus jamais à s'unir sexuellement avec une autre personne. Cela atteste que toutes les liaisons antérieures à ce mariage deviennent caduques (revoir le point parlant du mariage civil) et que sortir avec un ancien copain ou une ancienne copine relève désormais d'une faute grave pouvant ouvrir la porte aux malédictions coutumières, à la colère de Dieu, mais aussi aux sanctions judiciaires qui répriment pénalement les cas d'adultère. N'oublions pas que l'adultère constitue à elle toute seule le motif le plus suffisant pour déclarer le divorce.

Donc le mariage exige donc la fidélité. Et la fidélité conjugale consiste à considérer son conjoint comme le partenaire par excellence, le seul et l'unique de sa vie (après Dieu, bien sûr), et ce durant toute la durée de son mariage. C'est donc une question d'exclusivité. « Dans la mesure où cela dépend de vous, ne laissez rien ni personne se mettre entre vous deux. », déclare le livre des Proverbes. Et cela vaut son pesant d'or parce que l'adultère laisse des séquelles parfois inguérissables chez les victimes.

Une femme avait été gravement blessée dans son cœur en découvrant que son mari sortait avec une vendeuse de pains du quartier. Et comme toujours, la femme était la dernière à le découvrir pendant que tout le quartier en était déjà au courant. Ayant appris l'histoire, l'infortunée, en perte de dignité personnelle, s'est sentie humiliée, diminuée, surtout que la femme en question était illettrée et de loin moins instruite qu'elle. Étant locataire et ne supportant plus vivre dans ce quartier à cause de la honte que lui conférait, elle parviendra à imposer le déménagement à son mari comme condition à toute réconciliation.

Par ailleurs, en élargissant ce champ au-delà du domaine sensuel, nous découvrirons que même la convoitise (surtout des êtres chers aux autres : le fait d'envier le mari ou la femme de l'autre pour sa richesse ou sa beauté) peut être perçue comme un acte d'infidélité. Jésus-Christ n'avait-il pas dit : « Vous avez appris qu'il a été dit : Tu ne commettras point d'adultère. Mais moi, je vous dis que quiconque regarde une femme pour la convoiter a déjà commis un adultère avec elle dans son cœur » ? (Matthieu 5.27/28)

La fidélité exige un effort en permanence, de volonté, d'énergie, de persévérance et de constance, nonobstant les épreuves et les pièges quotidiens.

Par contre l'infidélité dans le couple ne se limite pas qu'à consommer un acte sexuel avec un tiers ; mais s'étend aussi aux flirts, au visionnage de la pornographie, etc. ; car cela brise la confiance dans le mariage, et qu'une fois que la confiance n'est plus de mise dans une union, c'est le déclin. La méfiance ouvre la porte à tout ce qui ne glorifie pas Dieu : l'insécurité, les préjugés, le mensonge, le manque de communication...

L'infidélité étant le péché le plus grave dans les affaires du couple, elle peut aussi être résolue par de la patience et le pardon, moyennant la repentance sincère de la part du coupable. Qu'on ne vous trompe pas ; la fidélité est toujours payante, tôt ou tard, Dieu finit par honorer ceux qui l'honorent en étant fidèles. En restant fidèles malgré les épreuves, et continuant tout de même de prier pour leurs maris et la paix dans leurs foyers, les femmes humiliées par la polygamie de leurs maris ont été justifiées et couronnées en fin de compte, car elles ont tenu bon et n'ont pas suivi les mauvais conseillers et ceux qui sont venus leur donner de mauvaises idées.

En effet, mis à part l'adultère qui constitue la plus grande atteinte portée au mariage, les autres sont minimes et peuvent trouver des solutions juste en discutant. D'ailleurs, si pour un époux volage ou des faits avérés de coups et blessures le juge prononce automatiquement le divorce, d'autres insuffisances comme la malpropreté d'un partenaire, la pauvreté du mari, la femme qui ne sait pas cuisiner, l'illettrisme, quelquefois l'insolence, etc. constituent des problèmes qu'il fallait régler durant les fiançailles et ne constituent donc pas des motifs solides pour demander le divorce. Là il sera demandé à l'époux lésé de faire avec, puisqu'il avait suffisamment le temps d'observer et de prendre une décision. Maintenant qu'il s'est marié (donc a accepté son conjoint tel qu'il est), il n'a donc plus aucun choix que d'avaler la couleuvre.

Et dans ce cas, le mariage s'apparente à un véhicule qui n'a plus la possibilité de faire machine arrière puisqu'il est facile de se désengager pendant les fiançailles, mais que les choses deviennent compliquées dès qu'on s'est mis la bague au doigt. D'abord il y a la famille pour qui ça sera un déshonneur de voir que leur enfant marié il y a peu (un même depuis longtemps) de réoccuper son ancien rang de fils ou fille célibataire et que la dot déjà utilisée devra peut-être remboursée. Ensuite, il y a l'église dont la position est déjà connue : ne jamais séparer ce que Dieu a lié ; ce qui fait que les encadreurs spirituels ne prodigueront que des conseils. Enfin, il y a l'État où le processus de divorce se ramène à une longue marche devant les tribunaux et la fourniture des preuves assez solides, faute de quoi le juge reviendra lui aussi à la position des deux premières parties (la famille et l'église). Donc faute d'obtenir gain de cause, le vin sera tiré et il ne vous faudra plus que de le boire.

Alors, plutôt que de se morfondre à vie d'avoir opéré un mauvais choix, on ferait mieux d'aplanir les divergences, car la personne humaine ne demeure pas figée dans ses attitudes. Elle peut toujours apprendre et changer.

Rappelons le principe fondateur du mariage est la fidélité. Mais il faudra savoir que le concept d'infidélité n'implique pas seulement la sexualité. Il fait allusion aux onze (11) autres commandements du mariage que nous listons dans la série ci-dessous :

1. L'Amour

Il s'agit ici de l'amour vrai, un amour désintéressé qui tienne avant tout compte du bonheur de l'autre. Et le mariage est un cadre spécialement réservé à ce genre d'amour vrai ; sinon la ruine surviendra au bout de peu de temps suivant le mariage.

Nous insistons sur ce point parce que beaucoup viennent au mariage avec des projets préétablis, des intérêts bien fixés... ; et une fois que ces intérêts n'existent plus, ils créent des problèmes qui, au terme, conduisent au divorce.

Cela nous renvoie donc au choix du conjoint, largement argumenté dans la partie consacrée aux fiançailles. Signalons néanmoins que celui qui vous aime fera preuve de don de soi, supportera les difficultés et se sacrifiera même pour votre bonheur. C'est quelqu'un qui voit l'avenir, en dépit des réalités actuelles, et reste confiant en Dieu.

Avec l'amour vrai, l'un sera toujours prompt à relever l'autre de sa faiblesse sans lui faire beaucoup de procès et le soutiendra malgré les commérages et les racontars. Il se traduit aussi par des paroles douces et de la tendresse. La femme surtout aime ces bonnes paroles qui comblent son cœur et qui la fortifient afin qu'elle repousse toutes les avances de ceux qui la courtiseraient. On dit couramment que l'amour n'existe pas, mais il n'existe que des preuves d'amour. Et l'homme a aussi besoin de ces preuves matérialisées par des paroles douces de la part de leurs épouses. Donc les déclarations d'amour et de tendresse doivent être mutuelles.

L'amour vrai se traduit aussi par l'obéissance. « Femmes, obéissez et soyez soumises à vos maris », comme écrit dans Éphésiens 5 : 22-23. « Maris, aimez votre femme, comme aussi le Christ a aimé l'assemblée », comme l'ajoute la même épitre au verset 25. Le mari se sent aimé et considéré quand la femme le respecte et obtempère à ce qu'il lui dit ; car de sa nature, l'homme s'ouvre facilement et pose bien de bonnes actions quand il se sent obéi de la part de sa femme.

A contrario le refus d'obéir, le fait d'être têtu, et l'orgueil ont fait que plusieurs femmes perdent leur mariage et le regrettent amèrement aujourd'hui alors que la page est déjà tournée.

L'amour vrai, c'est aussi la patience. « Que le Seigneur dirige vos cœurs vers l'amour de Dieu et vers la patience de Christ ! » (2 Thessaloniciens 3 : 5). Dans cette vue, il est perçu comme quelque chose de précieux qui doit être entretenu.

Des échanges avec différents couples nous montrent que l'amour conjugal est comparable à un feu. La flamme qui monte plus haut au début baisse peu à peu au fil du temps jusqu'à ce qu'il n'en reste des braises. Et si l'on n'y prend garde, ça finit par s'éteindre. Il faut donc y ajouter des buches et souffler de temps en temps. C'est-à-dire qu'il faudra éviter que la routine (la monotonie) s'installe dans la vie de couple. Ces buches étant des innovations, des surprises agréables, etc. comme des sorties saines, des visites aux personnes qui vous réjouissent, pourquoi pas des cadeaux ?

2. La Communication

D'emblée, disons que le degré de communication atteint par un couple détermine son degré de bonheur. La communication se définit dans ce cas comme le fait d'ouvrir son cœur et d'en partager le contenu avec l'autre ; donc d'éviter de lui garder des secrets. Et le bonheur du couple passe aussi par la communication parce qu'elle éloigne les mystères et installe la confiance.

Dans un couple, les sujets à développer ne peuvent manquer. Le conjoint qui revient le soir ne doit pas manquer un sujet de dialogue sur ce qu'a été sa journée ; et celui ou celle qui restait à la maison devra aussi lui faire état de ce qui s'est passé durant son absence. On y parle de tout et de rien, juste pour maintenir le dialogue.

Pour que le dialogue se maintienne, il est important de jouer constamment la carte du pardon ; parce que les problèmes ne manquent jamais dans les couples. Et si après un accrochage, on se sent incapable de parler à son conjoint, la maison deviendra un asile des sourds-muets et la communication sera rompue. Pour ce faire, le coupable (que ça soit l'homme ou la femme) devra commencer par s'humilier et demander pardon.

Il est des conjoints qui fuient la communication pour éviter les confrontations. Cependant ce n'est pas en fuyant la réalité du problème qu'on trouve la paix intérieure ainsi que celle de son foyer. Prendre son courage en mains et en discuter franchement permet de régler pacifiquement et une fois pour toutes les divergences.

Dans la vie de couple, il est préférable d'avoir un conjoint qui parle et qui communique que l'introverti qui souffre longtemps en silence avant de prendre une décision draconienne sans la moindre sommation, car celui qui ne parle ni ne communique reste très dangereux parce qu'on ne sait jamais ce qu'il pense ou prépare.

Nous invitons et supplions les couples à libérer la parole, à s'approprier le dialogue qui constitue une des clés pour l'épanouissement de votre couple.

3. Le Respect

Respecter quelqu'un consiste à le prendre en considération, manifester d'égard envers lui. Et ce respect doit être mutuel dans le couple avant de s'appliquer aux autres : famille, amis, voisins, collègues, visiteurs et tout le monde en général. Par non-respect, nous voyons : l'injure facile, la calomnie, la médisance, les sévisses corporelles, des reproches en publics comme : « combien de fois, dois-je te rappeler que... ? », le dénigrement de son conjoint auprès des tiers, etc.

À propos des coups et blessures, il y a toute une série de philosophies qui circulent dans nos sociétés, stipulant que les bagarres et querelles ne serviraient qu'à pimenter l'amour. Mais nous croyons que si les conjoints doivent en venir aux mains ou se chamailler pour affirmer leurs liens d'amour, cela les ramènera à la pure barbarie. C'est typiquement païen, car les chrétiens doivent être non-violents.

Toute culture, même la plus dominante dans l'environnement immédiat, n'est donc pas bonne à prendre. Pourquoi est-ce que toute incompréhension ou tout malentendu au sein de votre foyer doit être connu de toute la terre ? Pourquoi tout problème au sein de votre couple doit se résoudre par la bagarre ou des discussions à haute voix dans lesquelles tous les secrets de la maison seront étalés comme dans une vitrine du supermarché ? Et si un jour la situation s'arrangeait, auriez-vous le courage de faire les portes à portes pour expliquer aux voisins que c'est désormais résolu, votre conjoint serait revenu à la sagesse ou que vous vous étiez trompé à son sujet ? Et quand bien même vous l'aurez fait, croyez-vous que ces gens-là qui s'étaient habitués à vous voir vous entredéchirer vous prendriez au sérieux ou y passeraient facilement l'éponge ?

En prenant en compte toutes ces questions, nous dirons que la considération qu'on a des autres n'est rien d'autre que l'écho de ce que vous émettez. C'est comparable au reflet de votre propre image quand vous vous mettez devant un miroir. Si vous voulez que les autres vous respectent, commencez par vous respecter vous-mêmes ; parce que l'estime que chacun reçoit des autres ne dépend pas forcément de ses avoirs (richesses), mais de sa conduite. Et ce comportement ne déshonorera pas seulement le conjoint dénigré ou humilié, mais jettera surtout l'opprobre au couple. Cela apportera la honte au sein de votre foyer.

Par exemple, pour un couple dont le mari frappe constamment sa femme ou la femme insulte copieusement son mari, quelle considération voudraient-ils que les voisins prennent à leur égard ? Ils se sont rabaissés d'eux-mêmes, et les autres n'auront qu'à les traiter comme tel. Pour un tel couple, ce passage consigné dans 1 Pierre 3 : 1, 7 les aidera : « Femmes, soyez soumises à vos maris, afin que, si quelques-uns n'obéissent point à la parole, ils soient gagnés sans paroles par la conduite de leurs femmes... Vous maris, vivez avec vos femmes avec sagesse, ayant égard à la nature féminine, plus délicate, leur portant honneur, comme étant aussi ensemble héritiers de la grâce de la vie, pour que vos prières ne soient pas interrompues. »

D'autres parts, l'honneur d'une femme mariée réside aussi dans sa façon de s'habiller ; car une tenue légère n'honore jamais la personne qui la porte, de surcroit une femme mariée et digne de ce nom. L'expérience nous apprend qu'une femme, qu'elle soit âgée ou riche, qui s'affiche avec de petites tenues n'infligera aucun respect à des hommes, même les plus jeunes, qui auront tendance à la draguer dans la rue ; pendant qu'une autre, plus jeune ou extrêmement pauvre, qui s'habille décemment sera respectée par des personnes même plus âgées et riches qui auront peur de l'aborder pour ces futilités, surtout lorsqu'on sait qu'elle est mariée

Le respect, c'est aussi reconnaître sa femme dans son identité, avec les divers besoins attachés à sa féminité ; puisqu'il est inconcevable que le mari soit toujours tiré à quatre épingles pendant que la femme n'a même pas de quoi s'habiller de façon à paraître présentable devant les gens, ou que ou les maris qui roulent carrosse pendant que leurs femmes font le pied ou empruntent du transport en commun. Dans notre culture congolaise, l'habillement par excellence pour les femmes étant le pagne, un homme qui s'achète un costume devra obligatoirement procurer un wax de qualité à son épouse qui, selon la bible, est un vase faible et qu'il faut traiter avec délicatesse. D'ailleurs un mari qui fait preuve d'amour devra passer les besoins de sa femme avant les siens, mais faire preuve d'égocentrisme (égoïsme) ne cadre pas avec l'amour pur et désintéressé.

En bref, nous disons simplement que la femme doit également jouir des biens de son mari, puisque les deux constituent une même chair. Occupez-vous comme il se doit de votre conjoint et l'on vous respectera ainsi que votre mariage.

Pour qu'un couple soit honoré, cela requiert non seulement des efforts, mais aussi de la bonne volonté et de la connaissance, bien se comporter par rapport aux normes de la société. C'est là qu'intervient la moralité.

4. La moralité

La moralité est une sorte de carte de visite. Les gens ont l'habitude de juger les autres de loin, sans pour autant prendre le temps de les approcher. C'est donc l'image qu'on leur affiche qui constituera l'idée qu'ils se feront de vous.

Et si vous ne leur émettez que des signaux démontrant une légèreté de caractère comme se brosser les dents dans la rue, torse nu, et une serviette au cou et participant en même temps aux vaines discussions ; si à chaque fois qu'on parle de vous, les débats ne tournent qu'autour de vivre ivresse quotidienne ; croyez-vous qu'on vous respecte et par-delà tout, votre couple ?

La Bible soutient que : « Le vin est moqueur, la boisson enivrante est agitée, et tout homme qui se laisse égarer par cela n'est pas sage » (Proverbes 20:1). Non seulement que l'abus de l'alcool égare quelqu'un en lui faisant perdre le sens du bien et du mal, il nuit également à la santé physique, morale et spirituelle de celui qui s'y adonne. La Bible affirme enfin que les ivrognes n'auront pas la vie éternelle. (1 Corinthien 6:9, 10.)

Les bonnes manières sont l'art de bien se comporter vis-à-vis de la société, le fait d'être respectueux, courtois, poli, honnête et prévenant à l'égard des autres. Non seulement la pratique des bonnes manières vous permet d'améliorer vos relations avec toute personne en contact avec vous, elles suscitent en plus du respect sur vous, sur votre mariage et votre couple.

Le mariage devrait donc être honoré et respecté de tous, même des non-mariés ; si et seulement si les conjoints se comportent dignement.

5. La Sécurité

Tout conjoint a besoin d'être sécurisé par l'autre. Il faut qu'on se sente calme et rassuré en compagnie de l'autre qui limite les risques. Cette sécurité consiste aux couples de se protéger mutuellement contre les tiers.

Une femme raconte qu'un jour sa belle-sœur, de visite chez elle, formula d'entrée la remarque la maison était sale ; et que son mari, au lieu de la couvrir, lui appliquera une couche supplémentaire en la savonnant, appuyant ainsi sa sœur, alors qu'il connaissait bien les raisons pour lesquelles leur domicile n'avait pas encore reçu un coup de balai. La dame prise à partie continuera jusqu'à ce jour de cultiver le sentiment que son mari n'est pas du genre à la mettre à l'abri. Ainsi, elle se sent toujours mal à l'aise à chaque fois qu'il y a des visiteurs à la maison, priant de tous ses vœux que ceux-ci s'en aillent vite avant qu'il y ait de la casse.

Tout conjoint recherche la sécurité et une vie sentimentale qui lui apporte calme, quiétude et tranquillité. Et le plus merveilleux, c'est lorsque les conjoints se complètent avec tact. Dans ce cas d'espèce, même si la femme était fautive, son mari devait commencer par la dédouaner en inventant une raison quelconque ; et s'il devait y avoir une remarque, il allait la lui faire après que sa sœur soit partie, mais pas en sa présence. D'ailleurs, l'expérience montre que les conseils prodigués devant les gens passent difficilement et peuvent créer des résistances ou des réactions négatives qu'on pourra regretter plus tard. Cependant, un conjoint protégé par son partenaire, même s'il était fautif, y verra une marque d'amour et s'il est sage, se conduira parfaitement à l'avenir pour lui faire encore plus plaisir.

6. Les Finances

« L'argent est le nerf de la guerre », comme le déclare un proverbe français. Et il constitue le sujet le plus débattu sur cette terre. Selon notre expérience, bon nombre de couples parlent plus d'autres choses que des finances. Les Saintes Écritures soutiennent que la sagesse est chez ceux qui délibèrent » (Proverbes 13,10). C'est dire que ceux qui parlent et discutent sur les finances sont très sages.

Pourquoi est-il sage de parler des finances ? Parce que les bons comptes font des bons amis. Être transparent avec les finances, c'est acheter la paix et la tranquillité au sein du foyer. Cela permettra de mieux planifier l'avenir en établissant un budget familial et le gérant ensemble (projeter les entrées et sorties d'argent, établir les priorités, gérer les imprévus, épargner...). « Celui qui s'applique à élaborer des plans connaîtra l'abondance » (Proverbes 21 : 5). Une femme qui connaît le contenu de votre bourse ne vous exigera rien qui soit au-dessus de vos possibilités. Si elle est sage, elle vous aidera plutôt à planifier et budgétiser pour que le foyer ne tombe pas dans la faillite.

Malheureusement les questions d'argent restent des sujets tabous chez beaucoup de maris, et il y a des femmes qui se plaignent de ne jamais voir clair au sujet de ce que gagnent leurs maris.

En effet, cela relève de l'ironie parce que celle qui enlève de la paille dans l'œil de l'autre ne manque pas, elle non plus, de la poutre dans le sien ; parce qu'en retour beaucoup de femmes préféreraient mourir plutôt que de communiquer sur ce qu'elles gagnent dans leur travail ou commerce. Ainsi, certaines femmes, ne connaissant rien sur le salaire de leurs maris, engagent des dépenses à l'aveuglette, consommant sans cesse parce qu'elles croient qu'il y en a suffisamment. L'essentiel pour elles, c'est que leurs besoins soient satisfaits. Et le danger dans tout ça ; c'est qu'au mieux, le ménage n'aura jamais d'économies puisque tout sera dépensé ; au pire, le mari pour satisfaire les appétits voraces de sa femme risquera d'employer des moyens malhonnêtes qui risquent de l'envoyer en prison ou apporter une malédiction à la maison.

« La charité bien ordonnée commence par soi-même », dit un proverbe ; celui qui parle de ses revenus à son conjoint l'honore. Voir Romains 12.10. Si vous le faites ; Dieu honorera votre foyer parce que vous pratiquez et honorez ses enseignements. N'est-ce pas qu'il est écrit : « Que j'honorerai ceux qui m'honorent ».

Si vous êtes le seul à rapporter un salaire, vous honorez votre conjoint en considérant vos revenus, non pas comme votre argent à vous, mais comme celui de la famille. (1 Timothée 5 : 8). Si vous ne le faites pas, vous êtes donc plus qu'un infidèle.

Faites preuve de transparence pour tout ce qui touche à vos revenus et à vos dépenses. Cela aidera à instaurer la paix et la stabilité au sein de votre foyer.

Un arbitrage d'un conflit de ménage nous a une fois amené à réconcilier un couple dont le mari se chargeait désormais de tous les achats (shopping, marché, dépenses quotidiennes) au lieu de laisser ces prérogatives à la femme. En fait, cela était dû à la mauvaise gestion de l'épouse qui était peu économe et extrêmement dépensière comme si elle devenait une association caritative (distribuant des provisions par-ci, de l'argent par-là...) ; ce qui fit que le mari désabusé décidera de prendre lui-même les choses en mains.

Par là, aussi, nous voulons amener le couple à se mettre d'accord sur la division de tâches. Qui fait quoi en matière de finances. Certaines tâches sont connues de tous ; par exemple, c'est la femme qui effectue des achats au marché. Mais elle doit le faire en se souciant de protéger sa maison. Que dirons – nous alors d'un mari qui fait tout : achats au marché même dans les moindres détails (tomates, épices, savons....) ?

En effet la meilleure gestion des finances appelle la discrétion, surtout par rapport aux prévisions. C'est pour l'organisation interne, et ce n'est pas la peine d'en parler à toute la terre ou de se justifier à tout bout de champ par rapport aux différentes sollicitations des tiers.

Certaines personnes indiscrètes tombent souvent dans l'erreur de déclarer, même sans qu'on ne leur demande, qu'ils seraient sur le point d'encaisser tels montants et planifierait de faire ceci ou cela ; pour attirer enfin les ennuis suite à la jalousie des uns ou le banditisme des autres. Soyez discrets et cela vous aidera pour aller de l'avant. Le cœur de l'homme, qui peut le connaître ?

Vous voulez avoir la paix dans votre foyer ? Vous voulez connaître l'abondance dans votre foyer ? Apprenez à parler de l'argent sans tabou et planifiez tout ensemble.

7. Disposer le temps pour l'autre

Chacun de nous a besoin de savoir qu'il compte pour l'autre, et que le temps en est un indicateur non négligeable. C'est vrai que le travail nous prend beaucoup de temps et qu'on y rentre très fatigué ; mais nous pensons qu'il y a toujours lieu de trouver une formule censée combler et récupérer le temps qu'on n'a pas eu à consacrer à l'autre et à ses enfants ; considérant qu'il est des conjoints qui, rentrés à la maison, partent aussitôt au coin de l'avenue pour papoter avec les amis sur un événement divers (match, musique, politique...), parfois habillés en short et en maillot de corps (voir l'aspect moralité) ; oubliant qu'il s'agit là d'un sous-vêtement, d'une tenue intime ; ou encore, s'ils ne sortent pas, continuent à travailler, à passer des heures devant leurs écrans d'ordinateur ou écrivant des rapports interminables ; et ce, au détriment de sa femme et ses enfants qui souffrent cruellement de son absence. Cela renvoie à une image des personnes qui manifestent un manque d'intérêt face à leurs foyers.

Un ménage se doit de consacrer suffisamment de temps à rester ensemble. Ainsi, il faudra un agenda de temps qui prenne en compte les activités de votre conjoint et vos enfants. Même les personnes élevées en dignité malgré leur calendrier hyperchargé s'organisent pour consacrer du temps à leurs familles.

Si un époux ne consacre jamais du temps à sa famille, quelqu'un d'autre le fera à votre place ; et ça sera, le début du déclin de ce petit empire. Et ce temps consiste aussi à se faire accompagner de son conjoint lors des cérémonies ou à l'occasion des sorties données, à manger, jouer, regarder la télé, prier ou causer ensemble. Cela soude les liens et renforce l'unité familiale. Combien sont les conjoints qui s'allongent naturellement, sur le canapé, à côté de leurs moitiés tout en les écoutant religieusement raconter comment a été la journée ? On pense que cela n'est réservé qu'aux jeunes mariés. Pourtant cela vaut pour tous les couples.

Soyez parmi les couples qui adorent « Être seul à deux » afin de parler de tout et de rien, mais qui soit consacré à l'avenir et le devenir du foyer.

8. Tenir compte de l'autre et vivre pour l'autre

Un mari ayant été contacté pour un emploi juteux à durée indéterminée, mais dont le contrat stipulait qu'il devait aller seul travailler à l'étranger, dans un pays en guerre ou sa famille n'aura de droit de visite qu'une fois l'an, avait fini par décliner l'offre pour des raisons que voici : l'insécurité, les enfants en bas âge, sa conjointe laissée seule durant tout ce temps...

De l'entendement humain, surtout kinois chez qui l'argent est un dieu, cet homme serait idiot. Cependant pour le bonheur de sa famille, il avait pris une juste décision parce qu'on ne sait jamais. S'il lui arrivait d'y mourir, puisque la guerre ne choisit pas ses cibles ? Comment s'en sortirait sa femme avec tous ces orphelins de bas âge ? Même s'il ne mourait pas, est-ce le développement mental de ses enfants serait aussi complet, avec la dose d'affection qu'impose la présence physique. Est-ce que sa femme ne lui manquerait ou ne souffrirait-elle pas de son absence prolongée ? Affermit-on les liens et bénéficie-t-on du bonheur familial en se rencontrant qu'une fois par an et pendant une très courte période ?

Un autre cas, il s'agit d'un couple dont la femme est intellectuelle et universitaire, soucieuse de sa formation et de son renforcement de capacité, a préféré laisser son mari et ses enfants de bas âge pendant 5 ans pour préparer un master et une thèse de doctorat à l'étranger. À son retour, le mari avait deux enfants en dehors du lit conjugal.

Qu'est-ce que nous pouvons tirer de ces cas de figure ? Des leçons. Pour que votre couple soit un couple heureux, toute activité ou tout projet qui mettrait en danger l'existence ou la survie de la famille est à abandonner. À quoi bon gagner beaucoup d'argent si la vie du foyer est détruite et le feu de l'amour éteint ? Il ne faudra pas perdre de vue que l'amour est comme une fleur qui a besoin d'eau pour son entretien et sa croissance.

Pour le bonheur de votre foyer, essayez chaque fois de deviner au moins ce que l'autre ressentirait si vous prenez unilatéralement la décision de le quitter pour courir après le gain. Faites preuve de bon sens et de don de soi pour le bonheur de votre foyer.

9. Respect des engagements

Lors du culte de la bénédiction nuptiale, et même après ce culte, les couples se promettent bien des choses. Cependant dans la pratique, beaucoup de ces promesses restent lettre morte.

En effet, le respect d'engagement dans le mariage consiste simplement à dire « non » à tout ce qui soit contraire à la parole que vous avez donnée à votre conjoint. Chaque couple connaît ce qu'ils s'étaient dit ce jour-là. Ainsi lorsqu'on dira « oui » là où il fallait dire « non », c'est qu'on n'a pas tenu ferme à ses engagements.

Nous disons donc que le non-respect aux engagements pris et aux vœux déclarés constitue également une sorte d'infidélité. Par exemple, une femme qui promet la soumission à son mari et ne s'y conforme pas se montre de la sorte infidèle à son égard. De même qu'un homme qui promet l'amour et la protection à sa femme sans réaliser sa promesse commet lui aussi une infidélité par rapport à l'engagement pris.

La vie de couple étant faite des tentations et des pressions, l'engagement demande de sérieux efforts et de l'abnégation. Cela nécessite qu'on soit disposé à abandonner ses préférences pour satisfaire l'autre, sinon lui plaire.

Que Dieu vous aide à respecter vos engagements mutuels sans que rien ne puisse les briser ; même pas la stérilité déclarée ou le fait que les enfants tardent à venir.

La Bible nous renseigne que Zacharie était fidèle à Élisabeth. Ce n'était même pas une raison pour lui de chercher ailleurs, et Élisabeth non plus. En dépit de cette situation inconfortable pour tout foyer normal, ils ont continué à servir Dieu fidèlement ensemble. Et le Dieu d'amour les a considérablement gratifiés en leur accordant d'avoir un enfant dans leur vieillesse. (Luc 1:8-14)

Cela nous apprend que l'engagement dans la durée et la fidélité sans condition constitue le socle du mariage. Que Dieu vous soutienne afin que votre « oui » soit « oui », et votre « non » soit « non ».

10. Éviter de laisser des affaires en suspens

Les affaires ou dossiers en suspens proviennent généralement d'une opposition de positions au sein du couple. Il s'agit donc des conflits. Et dans les foyers, les conflits sont naturels et inévitables. Le plus important, c'est de toujours trouver des solutions aux problèmes qui se posent. Pourquoi dormir sous la colère alors qu'on peut trouver une solution ?

Il faudrait savoir que la vie de couple est une expérience de vie qui demande une période d'adaptation et de connaissance mutuelle. Avant de bien connaître le conjoint, les conflits seront peut-être plus que permanents. Cela ne veut pas dire que lorsque vous aurez connu votre conjoint, les conflits s'estomperont.

La meilleure façon de régler un conflit qui risque d'envenimer les choses dans le foyer consiste se rabaisser pendant un moment donné, même si on avait raison ; l'essentiel étant de rétablir l'harmonie conjugale.

Acceptez avec élégance les reproches et les nouvelles idées de votre conjoint. Le problème qui se pose souvent dans les couples, c'est lorsque nous oublions les tâches qui nous reviennent et nous voulons que l'autre les fasse à notre place, parce que nous avons une occasion de justification. Oui, une fois, la justification peut passer, mais lorsque nous voulons la pérenniser ; c'est là où le bât blesse.

Pour tout problème, prenez le temps de prier s'il le faut. Identifiez le problème (car le conflit a toujours une source). C'est-à-dire discutez sincèrement et honnêtement, puis recherchez en des solutions ensemble.

Tous problèmes ont toujours des solutions ; et ces solutions ne doivent pas toujours venir des parrains ou des tiers. Commencez tout d'abord vous-même à vous battre pour l'harmonie de votre foyer.

Il faudrait savoir que tous ces couples que nous admirons ont aussi des problèmes ; mais ils restent unis en dépit de tout et cherchent toujours comment s'en sortir. Comme ils ne vous contactent pas pour les aider à trouver des solutions à leurs différends, vous pensez qu'ils n'ont jamais de désaccords. Là vous vous tromperez et aurez une mauvaise image et conception du mariage.

Si les brouilles, les disputes, les altercations et les oppositions font partie de la vie du couple, la multiplication des conflits n'est en retour pas favorable à l'harmonie et à l'épanouissement du couple. Il ne faudrait jamais laisser un conflit dans le couple prendre de l'envergure en croyant que le temps fera son effet ! Au contraire, cherchez toujours à accepter la confrontation : le face à face, et demandez pardon s'il le faut. Humiliez-vous malgré votre raison, afin que la paix, la compréhension, la joie et la quiétude reviennent au sein de votre couple.

11. Jésus — Christ au centre de votre couple

Il est écrit : « J'ai mis devant toi la vie et la mort, la bénédiction et la malédiction. Choisis la vie, afin que tu vives. » (Deutéronome 30:19). C'est Jésus-Christ qui est la vie. Si vous tenez à ce qu'il y ait la vie dans votre couple, invitez-le afin qu'il soit au centre de tout. La communion en Jésus-Christ aide à vivre et à se faire confiance mutuellement. Si la relation de l'homme avec son Jésus-Christ est meilleure, celle de la femme aussi, alors l'homme et la femme vivront dans l'amour vrai et seront heureux dans leur mariage.

Mettez donc en priorité le Seigneur dans la vie de votre couple et cultivez un profond respect pour les choses spirituelles.

Si vous avez une femme qui craint Dieu, vous êtes bénis, car c'est une femme qui se pare de bonnes œuvres et de la parure intérieure. (1 Timothée 2 : 9-10, 1Pierre 3 : 1-6 et Tite 2 : 3-5). En revanche, femme, si vous avez aussi un mari chrétien, vous êtes bénie ; car le mari chrétien vous traitera avec bonté et respect.

Mettre le Seigneur au centre de la vie de votre couple veut aussi dire que tout dans votre couple doit refléter la gloire de Dieu et marcher selon les principes de sa Parole.

Efforcez-vous donc à les appliquer et éduquez vos enfants en leur inculquant la Parole de la vie.

Si vous mettez toujours Jésus-Christ à la première place, il vous aidera à réussir votre vie de couple et vous bénira abondamment. (Ps. 127:1).

Notez qu'un couple qui associe le Seigneur devient un couple à triple cordon, car Jésus – Christ, à part le mari et la femme, devient le troisième cordon et un cordon triple ne se rompt pas facilement. (Ecclésiaste 4 h 12).

Servez aussi le Seigneur ensemble, cela constituera un garde-fou pour votre foi et pour votre foyer. Chaque fois que votre foi chancellera, le travail que vous faites pour Dieu avec votre conjoint vous ramènera toujours dans la Maison de Votre Père qui est miséricordieux, compatissant et ayant un plan merveilleux pour vous. Ainsi, vous gagnerez en force en servant l'Éternel Dieu ensemble.

CONCLUSION

Nous voici au terme de notre modeste contribution sur ce que nous avons appris du mariage.

En comparant le processus du mariage avec la production du courant électrique, il convient de retenir que cette eau voguant calmement dans le fleuve se verserait dans l'océan sans produire le moindre kilowatt si elle ne rencontrait pas de turbine sur son passage. De même l'homme et la femme qui se marient resteraient célibataires s'ils ne se croisaient pas. En faisant tourner la turbine, il y a production d'énergie ; comme en abordant la femme, l'homme établit une relation avec elle. Cela consiste à opérer un bon choix, sous peine que le mariage vous devienne un enfer sur terre.

Dans les deux cas, ces premiers acquis ne produiraient aucun résultat si aucune organisation n'y était apportée. C'est ainsi qu'on récupère l'énergie produite au niveau de la centrale afin de l'envoyer à travers la ligne haute tension ; au même titre que les tout nouveaux amoureux devront impliquer leurs parents en vue de sceller leurs liens des fiançailles. Comme à ce niveau il y a bel et bien de l'énergie, mais qui n'est d'aucune utilisation industrielle ou ménagère parce que pas encore transformée en une version compatible avec les appareils des consommateurs ; les fiancés étant probablement des backgrounds différents devront nécessairement harmoniser leurs visions des choses et niveler leurs niveaux sur le plan social, intellectuel, spirituel et autres.

Notons que cette mise à niveau inclut aussi et surtout le facteur biomédical qui demande l'intervention du médecin afin de déceler les éventuelles incompatibilités pour le futur couple. Et dans cette optique le dépistage au VIH et d'autres maladies sexuellement transmissibles (comme la blennorragie, la syphilis, l'hépatite C, etc. qui sont parfois les causes de stérilité ou de décès) et la vérification du facteur Rhésus s'imposent.

Lorsque ces contrôles révèlent des dangers de contamination ou d'incompatibilité sanguine, il sera sage de dissoudre les fiançailles quoique l'harmonie psychospirituelle et sociale existerait ou que les fiancés s'aimeraient intensément. Il faudra absolument dissuader les personnes concernées à franchir un pas supplémentaire pour la simple raison que le mariage heureux ne sera jamais un vécu dans ces cas. Ce sera plutôt un mariage endeuillé, malheureux et digne à susciter les mauvais commentaires.

La période des fiançailles (avec toutes ses observations) passée avec succès, la prochaine étape consistera en des préparatifs des noces. Comme avec le courant transformé de la haute à la basse tension sera fourni aux ménages (à ce niveau la société d'électricité aura presque terminé son travail et que la balle sera désormais dans les pieds des utilisateurs domestiques qui en feront usage en y plaçant des disjoncteurs servant à protéger des courts-circuits, installant des lampes éclairant la maison, des prises et interrupteurs pour divers autres usages). Les parents, parrains et autres amis auront eux aussi fini leur travail qui consistait à encadrer moralement, spirituellement, matériellement et même financièrement les aspirants au mariage. L'observation mutuelle ayant accouché d'un succès éclatant, ce sera maintenant au couple de gérer les problèmes conjugaux.

En achevant cet ouvrage, nous nous sentons convaincus et satisfaits de n'avoir qu'apporté notre contribution en fournissant ce que nous avons appris du mariage, ce qui n'est rien d'autre que la sommation des expériences vécues, non seulement par nous, mais aussi par d'autres couples que nous avons eu à encadrer et à rencontrer sur notre parcours. Ainsi, en connaissance des causes, nous affirmons que la meilleure vie est celle des mariés.

En effet, la Bible soutient : « Deux valent mieux qu'un, parce qu'ils retirent un bon salaire de leur travail. Si l'un tombe, l'autre relève son compagnon. Mais malheur à celui qui est seul, comment aura-t-il chaud ? » (Ecclésiaste 4 : 9-11.) Voilà pourquoi nous disons : quel privilège d'avoir un compagnon ou une compagne pour vous soutenir, chose qui n'est pas évidente quand l'on vit seul !

Un compagnon, c'est quelqu'un à qui l'on peut tout dire, qui vous supporte, vous conseille sincèrement et vous soutient avec amour et sacrifice. Il vous soutient quand vous devenez trop encombré de problèmes et que tout le monde vous rejette.

C'est là que la Parole de Dieu se confirme en disant : « Il n'est pas bon que l'homme soit seul ; je lui ferai une aide semblable à lui ».

Avec la femme à vos côtés, vous devenez fort et puissant ; ce que vous ne pouviez faire seul hier, à deux, vous le faites maintenant.

Il faudrait toujours se rappeler que tous ces couples que vous enviez et qualifiez « des couples heureux » ne connaissent pas toujours des relations sans nuages. Ce sont des unions qui ont vécu des hauts et des bas, c'est-à-dire des moments de joie et de malheur, des moments de paix et de turbulence ; et qu'ils ont, d'une façon ou d'une autre, trouvé les moyens de rester solidaires malgré les tourments et les difficultés de la vie moderne.

C'est dire qu'il faudrait, à tout prix, travailler pour l'unité de votre couple pour que rien ne puisse venir la détruire.

Associez et invitez Dieu dans votre couple, ce n'est que de cette façon que vous verrez Sa Main sur vous pour une intervention en tout et pour tout.

Le mariage a été institué et voulu par Dieu, et c'est lui aussi qui détient la notice du mariage, contenue dans son livre saint qu'est la Sainte Bible.

Chaque fois que vous serez dans les tourments, n'hésitez pas, mais allez vers Lui et il vous donnera les paroles qu'il faut, les paroles de ce temps-là. Il est aussi capable de susciter un prophète pour votre bonheur.

Que Dieu vous bénisse !

L'AUTEUR

Honoré LOANGO BOELUA BAENDAFE est né à Matadi en 1970. Licencié en économie, il exerce à Kinshasa comme expert-comptable et tient en plus un cabinet d'audit et d'expertise comptable, sans oublier les activités culturelles et scientifiques organisées avec ses anciens amis étudiants et son engagement comme volontaire aux œuvres d'une ASBL qui s'occupe des enfants atteints de déficience mentale. Son dévouement pour les couples et les familles tient de ses prérogatives de Président d'une Association des Couples Chrétiens à Kinshasa et de Diacre, Responsable des Couples & Familles au sein de son Église de la 37e Communauté des Assemblées de Dieu de la Rdc.

Contact :

Honoré LOANGO BOELUA BAENDAFE
+243 99 99 39 791
+243 81 99 39 791
honoreloango@yahoo.fr

TABLE DES MATIÈRES

Dédicace 5

Préface 7

Avant-propos 9

Introduction 11

1. Le choix du conjoint 13
2. Les fiançailles ou la phase d'observation 15
3. LA FIN DES FIANÇAILLES ET LE PASSAGE AU MARIAGE 41
   1. Des examens prénuptiaux 41
   2. Le mariage coutumier 44
   3. Le mariage civil 46
   4. La bénédiction nuptiale 48
4. LE MARIAGE PROPREMENT DIT 51

CONCLUSION 73

L'AUTEUR 77

Table des matières 79